BERLITZ®

KENYA

Lucille Binda
4300 Pl. des Cageux #504
Chomedey- Laval 681-7726
H7W 4Z3

Une publication des Guides Berlitz

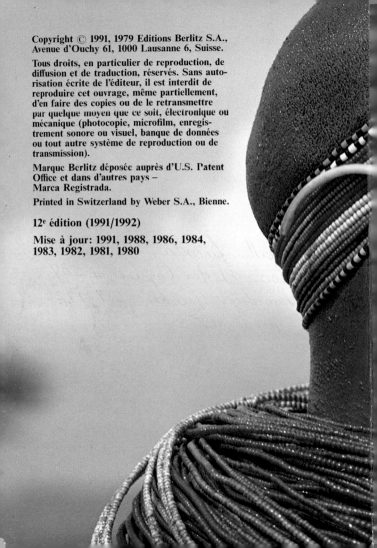

Printed in Switzerland by Weber S.A., Bienne.

12e édition (1991/1992)

Mise à jour: 1991, 1988, 1986, 1984,
1983, 1982, 1981, 1980

Comment se servir de ce guide

- Tous les renseignements et conseils utiles avant et pendant votre voyage sont regroupés à partir de la page 103 sous le titre *Berlitz-Info*. Le sommaire des *Informations pratiques* (pp. 107–125) se trouve en page 2 de couverture.

- Pour mieux appréhender la région, commencez par lire les chapitres *Le Kenya et ses habitants* (p. 6) et *Un peu d'histoire* (p. 13).

- La visite des sites commence à la page 28 et se termine à la page 89. Nous vous en recommandons plus vivement certains, que nous vous signalons par le symbole Berlitz.

- Toutes les distractions, qu'elles soient diurnes ou nocturnes, sont décrites de la page 89 à la page 100. Pour en savoir plus sur les plaisirs de la table, consultez les pages 100 à 102.

- L'index, enfin (pp. 126–127), vous permettra de retrouver immédiatement les points qui vous intéressent plus particulièrement.

Bien que l'exactitude des informations présentées dans ce guide ait été soigneusement vérifiée, elle n'en est pas moins subordonnée aux fluctuations temporelles. Aussi ne saurions-nous assumer de responsabilité pour des modifications de faits, de prix, d'adresses ou de situations générales, toutes sujettes à variations. Nos guides étant régulièrement remis à jour, nous examinons volontiers toutes les remarques que voudraient bien nous transmettre nos lecteurs.

Texte établi par: Jack Altman
Adaptation française: Jean-Marie Léger
Photographie: Jürg Donatsch
Illustrations: Aude Aquoise
Maquette: Doris Haldemann
Nous remercions Daniel Colomar, P.-A. Dufaux, Ray Morrell et Odhiambo Okite de leur aide lors de la conception de ce guide, ainsi que l'African Safari Club, l'Office du Tourisme du Kenya et T.K. Ngaamba de leur précieuse collaboration.
Cartographie: 🌐 Falk-Verlag, Hambourg.

4

Table des matières

Cartes et plans

Le Kenya
et ses habitants

Le ciel, auquel on ne prête pas une attention particulière dans nos paysages urbains, est le premier phénomène que vous remarquerez au Kenya. Tout bonnement infini, il change en permanence de tons et de profondeur. Dans la chaleur, son chatoiement est tout de bleus, de roses, de rouges et d'ors dont jamais, auparavant, vous n'auriez soupçonné l'existence. Les jours gris, il ne semble jamais y avoir assez de nuages pour le couvrir tout entier.

Vous verrez des troupeaux de buffles traverser par milliers le plateau de Masaï Mara avant d'être engloutis par le ciel. Assis dans votre landrover ou votre minibus, peut-être vous sentirez-vous soudain très petit... rassuré pourtant de trouver votre propre place dans l'ordre des choses.

Le Kenya est une véritable fête de couleurs nuancées par la lumière et le mouvement. Observez le rouge foncé de la terre d'Amboseli et de Tsavo; le blanc des cimes enneigées du mont Kenya et le blanc aveuglant des plages de sable; le bleu tranquille de l'Océan et le bleu des lacs, qui peut brusquement virer au rose lorsque des nuées de flamants viennent s'y poser, le vert fané de la savane et celui, luxuriant, des forêts d'Aberdare.

Le mouvement est tout aussi riche. A Nairobi, le tempo insouciant des gens reflète le rythme de la vie économique de la capitale – animée mais non frénétique. Dans le port de Mombasa écrasé de soleil, la démarche est langoureuse; il ne faut pas être piqué de la tarentule pour en apprécier le charme. A l'intérieur

Ciel vaste et changeant d'Afrique, une éternelle source de beauté.

des terres, vers l'Ouest, l'allure ralentit encore. C'est l'errance infiniment patiente des pasteurs masaï, à la cadence du nomadisme.

Dans la nature, cependant, ce n'est plus l'être humain qui imprime son rythme à la vie. Le regard est attiré par le galop d'un troupeau de zèbres, la course éperdue d'une bande de singes déchaînés ou d'une famille de phacochères inquiète, l'éclair doré d'un guépard, la reptation d'un crocodile dans la boue ou la progression lente et réfléchie d'un troupeau d'éléphants. Ce pays est peut-être dirigé par des hommes et des femmes, mais ce sont les animaux qui en sont les hôtes les plus honorés.

A ce sujet, dans chaque parc, le souvenir du – symbolique – *Lion* de Joseph Kessel ne manquera pas de s'imposer à vous. Ce maître livre, paru en 1958, est un rude hommage à la terre kényenne et... à l'administration des réserves. C'est aux efforts de cette administration – alors, de la Couronne – que le Kenya, et l'Est africain en général, doivent d'avoir sauvegardé la «vie sauvage» chantée par Kessel.

Sur cette terre équatoriale, vous aurez le choix entre l'atmosphère étouffante de la région semi-désertique de Samburu et les eaux reposantes et tièdes de l'océan Indien, entre la torpeur saturante de Mombasa et la fraîcheur revigorante et enivrante des hauteurs de Nairobi. Bien que la capitale soit située à moins de 150 kilomètres de l'équateur, vous y supporterez un veston en soirée, car l'air est frais à 1660 mètres d'altitude. Après une journée dans la brousse desséchée de Masaï Mara, ce n'est pas sans plaisir que vous accueillerez le répit des averses qui arrosent régulièrement les plantations de thé de Kéricho.

Le Kenya a émergé comme une oasis de calme et de stabilité sur un continent qui n'a connu que la tourmente tout au long des décennies de la décolonisation. Si cela a l'avantage non négligeable d'attirer les touristes, c'est parfois la source d'un certain malaise. Nairobi étant devenu le quartier général préféré des correspondants de presse qui effectuent des reportages sur les guerres et troubles politiques agitant certains pays voisins, de nombreux lecteurs inattentifs s'imaginent que c'est Nairobi qui est en proie à de pareils désordres. Qu'ils se rassurent: Nairobi est un lieu de vacances tout à fait tranquille. La paisible passation de pouvoir qui a suivi la disparition du président Kenyatta a fait l'admiration de certains. Les Kényens n'y ont vu, quant à eux, rien que de très naturel et ils ont attribué l'appréhension des observateurs étrangers aux effets contagieux des luttes qui agitent certains autres pays africains.

Le peuple kényen a une nature relativement indolente, ce qui entrave parfois les efforts du gouvernement pour augmenter la productivité. Cette insouciance aide toutefois à surmonter les vieilles tensions tribales responsables de la plupart des conflits en Afrique. Les tribus, dont l'existence ne remonte qu'à guère plus de 200 ans, furent soutenues par l'administration coloniale à une époque où elles tendaient à disparaître au profit de l'unité nationale qui se forge aujourd'hui.

Les distinctions que les Kényens établissent eux-mêmes en ce qui concerne leurs origines sont plus d'ordre linguistique que racial: ils sont de langue bantoue, nilotique, nilo-hamitique ou hamitique.

Les Kikuyus du haut Kenya *(Central Highlands)*, qui appartiennent à la majorité de langue bantoue, ont accédé à une position dominante du fait des contacts directs qu'ils entretinrent avec l'autorité coloniale dès la fondation de Nairobi, à la limite du territoire kikuyu. Cette tribu jouit toujours d'un prestige et d'une influence considérables en dépit des efforts de Jomo Kenyatta, l'ancien président et chef tribal, pour dissiper les idées fausses sur la prétendue supériorité des Kikuyus sur le reste des Kényens.

Daniel arap Moi, membre d'une tribu de la minorité nilo-hamitique, a été choisi pour succéder à Kenyatta afin d'apaiser les rivalités tribales entre Kikuyus et Luos de langue nilotique. Les Luos, originaires des rives du lac Victoria, ont acquis une réputation d'intellectuels pour avoir depuis longtemps fréquenté les écoles missionnaires, et aussi parce qu'ils occupent nombre de postes-clé à l'Université.

L'ethnie la plus indépendante est la tribu masaï, groupe de nomades de grande taille qui résiste à l'invasion de la technologie moderne. Les Masaïs gardent toujours leurs troupeaux, armés de lances et vêtus de leur long manteau.

La langue nationale du Kenya est le souahéli ou swahili, dialecte bantou mâtiné d'arabe. Ce terme désigne également les Bantous musulmans de la côte. Reconnaissables au mélange de traits africains et arabes, ils sont fiers de leurs traditions commerciales avec les Etats du golfe Persique et les pays riverains de l'océan Indien.

Le Kenya compte 20 millions d'habitants: 25 000 sont d'origine européenne (britan-

Sur la côte, le voile musulman sait rehausser la beauté d'un regard.

nique pour la plupart); 80 000 sont indiens, et 30 000 environ arabes. Les Européens et les Indo-Pakistanais représentent l'héritage de quelque 60 ans d'administration coloniale britannique, mais l'implantation de la colonie arabe, plus ancienne, remonte à la fondation, au Moyen Age, de villages côtiers entre Mom- **11**

basa et l'île de Lamu. La colonie européenne est composée d'hommes d'affaires installés de longue date, de directeurs d'hôtels, de fermiers, d'anthropologues et de zoologistes pour lesquels le Kenya est, bien entendu, un véritable paradis. Les Indiens, Pakistanais et Arabes forment une classe commerçante distincte et très fermée.

L'empreinte coloniale est marquée par la prédominance de la langue, des coutumes et de la cuisine anglaises. Les véhicules circulent à gauche. Les panneaux indicateurs, les uniformes militaires, les journaux, les structures gouvernementales et les services publics trahissent tous l'influence britannique.

Mais les échos du passé colonial n'ont pas échappé à l'humour mordant et à l'aplomb des Kényens. Les conversations sur les événements d'intérêt national ne sont ni timides ni prudentes, comme cela est souvent le cas dans certains autres pays d'Afrique moins stables. Les gens n'hésitent pas à critiquer les autorités, sans pour cela sacrifier leur fierté nationale.

A Malindi, à midi, le soleil repoussera l'ombre sous les maisons.

Un peu d'histoire

Le premier être humain qui apparut, voici 2 500 000 années, au (futur) Kenya fut sans doute le premier être humain tout court. Il semble qu'il se soit installé dans le nord, près de la côte orientale du lac Turkana, que l'on appelait lac Rodolphe à l'époque coloniale. Son crâne fossilisé y a été exhumé en 1972 par une équipe de paléontologistes conduite par le Dr Richard Leakey, directeur du Musée national, à Nairobi.

Identifiés simplement par le numéro 1470 au musée de Nairobi, les restes du premier homme du Kenya sont plus anciens que ceux qui furent découverts en d'autres endroits d'Afrique orientale, à Java ou en Chine. Les scientifiques estiment que le genre humain est apparu dans cette partie du monde parce que les conditions climatiques et topographiques susceptibles de favoriser son évolution y étaient réunies.

L'âge de la pierre
Au Kenya, cette période semble s'être déroulée de manière «classique»; l'usage du feu est devenu systématique il y a quelque 50 000 années. Les outils et les armes furent pro- **13**

gressivement affinés, notamment lors des migrations de Caucasoïdes, venus du sudouest de l'Asie et d'Afrique du Nord. Ceux-ci apportèrent des pointes de flèches, des lames de couteaux et des parures faites de graines et de disques en coquille d'œuf d'autruche datant d'avant 15 000 av. J.-C.

Vers cette époque, des progrès culturels significatifs se produisirent dans la Rift Valley, grande faille ourlée de volcans qui traverse le Kenya de l'Elgon au Kilimandjaro. Dans la région située entre Eldoret et Nairobi, des sites funéraires ont été découverts, indice suggérant l'apparition des premières pratiques religieuses systématiques. L'obsidienne fut utilisée pour fabriquer des couteaux plus longs et beaucoup plus tranchants que ceux que l'on avait créés jusque-là.

Lors de la datation des peintures rupestres du mont Elgon, qui figurent des vaches à longues cornes, des meules, des pilons, des plats et des pots utilisés pour moudre et conserver le grain, on a estimé que l'élevage et l'agriculture étaient apparus vers l'an 1000 av. J.-C. En fait, il semble que le type de société existant au Kenya soit demeuré à l'âge de la pierre jusqu'à l'an 1000 de notre ère; c'est en effet de cette époque que datent les objets de fonte les plus anciens que l'on ait découverts. Le néolithique fut marqué par des migrations et un brassage constant de peuples que l'on identifie de nos jours par leur langue: bantoue, nilotique, nilo-hamitique ou hamitique. La mutation progressive d'une société de chasse et de cueillette en une société agricole et pastorale eut pour résultat un rapide accroissement de la population dans les régions plus fertiles des hautes terres *(Highlands)* et les plateaux du Sud-Ouest.

Peuplement de la côte
Si les archives de l'intérieur du Kenya n'ont guère plus d'un siècle et si la tradition orale n'offre que de fragmentaires renseignements sur cinq siècles tout au plus, l'histoire de la région côtière, elle, commence dès l'époque romaine. Au second siècle de notre ère, un marchand grec résidant dans l'Egypte romaine décrit dans un récit anonyme, *Le Périple dans la Mer Erythrée* (nom romain de l'océan Indien), des lieux que nous connaissons aujourd'hui sous le nom de Lamu, Mombasa et Zanzibar, dont les habitants –

marins et pirates de très haute taille – étaient disposés à vendre de l'ivoire, des carapaces de tortue, des cornes de rhinocéros, de l'huile de coprah, de la gomme et des épices.

Au cours des siècles qui suivirent, les marchands arabes, persans, indiens et chinois arrivèrent sur la côte, poussés par les alizés. De novembre à mars, «portés» par la mousson du nord-est, ils troquaient des produits africains contre des céramiques, des hachettes en métal, des dagues, des poignards, du verre, du vin et du blé. Ils repartaient en avril quand la mousson du sud-ouest poussait leurs *dhows* vers le golfe Persique ou l'Inde. Au cours des VIIIe–IXe siècles, les Arabes commencèrent à s'établir sur la côte nord du Kenya dans ce qu'ils appelaient le «pays des Zenj» (des Noirs). Al-Masudi, géographe arabe du Xe siècle, décrivit les Zenj comme un peuple dirigé par des rois élus, avec des armées permanentes et des prêtres-conseillers. Ils utilisaient des attelages de bœufs pour le transport et la guerre. Ils récoltaient les bananes, le millet et les noix de

Je m'appelle «1470» et il semble que je fus le premier être ici-bas.

coco, et mangeaient de la viande et du miel.

Des comptoirs furent établis sur des îles de l'archipel de Lamu (sur des éperons entourés de rivières et de marécages dont la défense ne nécessitait pas l'édification de remparts). Les ruines exhumées de la ville de Manda dans l'archipel de Lamu indiquent qu'une riche communauté y vivait dans d'impressionnantes maisons de corail bâties avec du mortier d'un genre qu'on ne retrouve nulle part ailleurs au sud du Sahara. Outre l'exportation d'ivoire, d'ambre gris, de peaux de léopard, de carapaces de tortue et d'or en provenance de l'actuel Zimbabwe, on trouve là les premiers signes d'un marché d'esclaves africains destinés à l'Iraq.

Les Chirazis, immigrants venus du golfe Persique, colonisèrent progressivement la côte au XIIᵉ siècle. Ils se mêlèrent aux Africains et la langue, le souahéli, ou plus précisément le kisouahéli, naquit de ce mariage. Dans les comptoirs de Malindi et Mombasa, la classe dominante souahélie musulmane réduisait à l'esclavage les Africains, lesquels accomplissaient les besognes les plus pénibles et travaillaient la terre. Les habitants de la côte pouvaient ainsi se consacrer entièrement au commerce extérieur et n'entretenaient que peu de rapports avec l'intérieur.

La domination portugaise
L'explorateur Vasco de Gama débarqua sur cette côte en 1498. Le but des Portugais, qui avaient déjà de nombreux comptoirs en Inde, était plus d'établir de nouvelles bases commerciales sur les côtes de l'Afrique orientale que de co-

loniser celle-ci. Ils réussirent à conclure un accord commercial avec le cheik chirazi de Malindi, mais d'autres cités-états, dont Mombasa, résistèrent à l'implantation portugaise.

Pour soumettre Mombasa, les Portugais durent l'attaquer et la mettre à sac à trois reprises au cours du XVIᵉ siècle: en 1505, 1528 et en 1589. A la fois Etat insulaire et puissance continentale, appuyée par les Africains non souahélis de

Convoitée, Mombasa vécut bien des combats; témoin, Fort Jésus.

l'intérieur, Mombasa impressionna les Portugais par ses grandes capacités de résistance et par les ressources matérielles qu'elle tirait de son commerce avec le Moyen-Orient et l'Inde. Cette prédominance de Mombasa était, en fait, à l'origine de la jalousie de Malindi et de l'alliance de celle-ci avec les Portugais. **17**

Dans les années 1580, les Turcs, partenaires commerciaux traditionnels de Mombasa, organisèrent deux expéditions pour forcer le blocus du port. Les représailles portugaises furent massives et la résistance de Mombasa se vit brisée par une attaque, à revers, menée simultanément par les guerriers zimba de la vallée du Zambèze. Mombasa se remit suffisamment de cette première défaite pour contre-attaquer Malindi, mais les Segejas, alliés bantous de Malindi, remportèrent une sanglante victoire; la ville de Mombasa passa aux mains du cheik de Malindi et aux Portugais en 1592.

Mombasa devint la principale base des Lusitaniens sur la côte. La ville fut placée sous l'autorité du cheik Ahmad de Malindi, appuyé par une garnison portugaise cantonnée dans Fort Jésus, qui venait d'être construit. Pendant le siècle suivant, toute la côte se plia à la domination portugaise, payant des droits de douane et des impôts au roi du Portugal par l'intermédiaire de son représentant, le capitaine de Mombasa. Mais les impôts ne furent jamais payés de gaieté de cœur, et les Souahélis furent encouragés à la révolte par l'affaiblissement des Portugais, menacés en divers autres points: par les Hollandais et les Britanniques dans l'océan Indien, par les Persans et les Arabes dans le golfe Persique.

Après une violente attaque contre Fort Jésus en 1631, les Portugais se virent contraints de gouverner sans l'intermédiaire d'un cheik. L'iman d'Oman apporta son soutien à une révolte de grande envergure sur l'île de Pate, au nord de Lamu, et Fort Jésus fut à nouveau assiégé et mis à sac en 1660. En 1698, les Portugais durent finalement quitter Mombasa. Ils y retournèrent brièvement en 1728, mais perdirent définitivement la maîtrise de la côte l'année suivante.

Ayant apporté leur appui au sursaut souahéli contre les Portugais, les Arabes d'Oman entendaient devenir les nouveaux maîtres de la région côtière. Mais les Souahélis, qui ne voulaient plus subir de domination étrangère, résistèrent à leur pression pendant plus d'un siècle. Avec le soutien politique des Britanniques et leur assistance technique, le sultan d'Oman, Sayyid Saïd, réussit finalement à prendre pied sur la côte septentrionale en établissant une base à Lamu. En 1837, il conquit Mombasa, qui se révéla bientôt une position par trop précaire. Il préféra exercer sa domination sur la côte d'Afrique orientale depuis un quartier général plus méridional: Zanzibar. Cette suprématie arabe n'aurait jamais été possible sans l'aide des Britanniques, futurs maîtres de la région.

L'intérieur
à l'époque précoloniale
Avant la colonisation britannique, l'intérieur du Kenya était peuplé – si l'on se fonde sur la tradition orale et les maigres découvertes archéologiques – de groupes qui mirent longtemps à atteindre une cohésion politique et le stade de l'unité tribale. Les Luos, de langue nilotique, émigrèrent d'Ouganda et du Soudan le long des contreforts du mont Elgon. C'étaient de petits groupes familiaux plutôt que des tribus, vastes groupes partageant la croyance en une identité ethnique commune fondée sur un fondateur mythique unique. Ils s'installèrent au XVIe siècle sur les bords du lac Victoria, aujourd'hui province de Nyanza; mais c'est seulement vers la fin du XVIIIe siècle qu'ils se découvrirent une identité tribale (après le passage de la vie pastorale à la vie agricole et la lutte pour la possession des terres qui en fut le corollaire). L'unité tribale luo se cimenta tout au long du XIXe siècle au cours des guerres contre les tribus nilo-hamitiques masaï et nandi voisines. Les Masaïs dominaient les pâturages des plaines centrales du Kenya méridional et les Nandis la région des collines.

L'organisation politique variait considérablement, d'où l'inévitable conflit avec le système des chefferies qu'imposa plus tard l'administration coloniale britannique. Les Bantous du Kenya du Nord-Ouest, par exemple, s'étaient dotés d'une organisation centralisée, avec un conseil d'anciens assistant un chef de clan dont les services étaient rémunérés en viande, en grain ou en bière. Mais les Bantous de l'Est – des Kikuyus pour la plupart , occupant la région située entre le Kilimandjaro et le mont Kenya, étaient organisés en groupes d'âge exerçant des fonctions militaires, policières ou juridiques dans le gouvernement du territoire tribal. La solidarité résultait de l'appartenance à une famille et de l'allégeance territoriale, plutôt que de la loyauté envers un conseil central ou un chef.

Les premiers contacts des Arabes avec l'intérieur furent prudemment restreints à l'envoi de caravanes depuis Mombasa, dont la mission était de se livrer au troc de tissu, de fil de fer, de verroterie et d'armes à feu contre de l'ivoire, avec la tribu des Kambas principalement. (Malheureusement pour les éléphants du Kenya, leur ivoire, considéré comme supérieur à celui des éléphants indiens, se vendait mieux en Orient.) Au début du XIXe siècle, les tentatives pour capturer des esclaves destinés au florissant commerce de Zanzibar furent rapidement abandonnées, car les Arabes redoutaient les représailles des Masaïs, des Nandis et des Kikuyus contre les grands safaris à l'ivoire. Les Kikuyus, qui acceptaient de commercer avec les Kambas, interdirent toujours l'accès de leur territoire aux commerçants arabes.

Les caravanes tracèrent des pistes entre Mombasa et le Kilimandjaro en passant par la Rift Valley, traversant ce qui est aujourd'hui Nairobi pour atteindre le lac Victoria avant de remonter jusqu'au lac Turkana au nord. Les Arabes répandirent le parler souahéli le long de ces routes, mais ils ne parvinrent jamais à s'implanter réellement dans l'intérieur.

Sous l'Union Jack
C'est presque par hasard que les Britanniques, qui étaient surtout soucieux de renforcer leurs positions stratégiques en Ouganda et à Zanzibar, entreprirent de coloniser le Kenya. Désireux d'établir une liaison ferroviaire entre la côte et les sources du Nil, ils découvrirent incidemment que les hautes terres de l'intérieur *(Central Highlands)* se prêtaient merveilleusement à la colonisation. Ainsi, ce qui n'était encore qu'un projet de corridor protégé devint la colonie du Kenya.

Les premières explorations européennes de l'intérieur furent conduites dans les années 1840 par deux Allemands, Johann Ludwig Krapf et Johann Rebmann, pour le compte de la British Church Missionary Society. Ils reconnurent ainsi le mont Kenya et le Kilimandjaro. John Hanning Speke découvrit le lac Victoria en 1858, et Joseph Thomson explora le territoire masaï en 1883. (Les Africains essaient

Pour ce Samburu, les guerres coloniales sont entrées dans la légende.

21

de ne pas sourire trop ouvertement lorsqu'il est question de la «découverte» d'un pays qui leur était familier depuis toujours.) Les Européens dressèrent donc la carte du territoire à exploiter par l'Imperial British East Africa Company, créée en 1888. Une mauvaise gestion de la compagnie contraignit le gouvernement britannique à prendre la direction des opérations à propos du Protectorat d'Afrique orientale, en prévision de la construction, sept années plus tard, du Chemin de fer de l'Ouganda.

La construction se fit au prix d'une lutte sans merci contre la malaria, la dysenterie, les lions mangeurs d'hommes et les attaques permanentes des Kambas, Kikuyus et Nandis. Le gros de la force de travail était composé de quelque 13 000 coolies indiens. Des centaines furent tués par la maladie et la chaleur et... vingt-huit dévorés par des lions à Tsavo.

En 1899, le rail atteignit un lieu bien approvisionné en eau, dernier terrain plat avant la difficile descente vers le lac Naivasha. Il fut décidé d'y établir le nouveau quartier général du chemin de fer, et c'est ainsi que fut fondée la ville de Nairobi.

Lorsque le chemin de fer atteignit le lac Victoria en 1901, des marchands indiens, ainsi que des missionnaires et des colons, s'étaient établis tout au long du parcours, à Tsavo, à Nairobi, à Naivasha, à Nakuru et au terminus, Kisumu (alors Port Florence). Les premiers colons étaient arrivés au Kenya en 1896; ils mirent en valeur les riches terres arables des plateaux que l'on appela désormais *White Highlands*, les Hautes Terres blanches.

En tentant de persuader le Colonial Office de leur réserver les White Highlands, les colons blancs cherchaient à en faire exclure non seulement les Africains mais également les Indiens, qui avaient participé à la construction du chemin de fer et fourni des soldats aux forces mobilisées pour mater toute résistance africaine. Les Indiens, quant à eux, estimaient avoir un rôle à jouer dans le Kenya futur. Les commissaires britanniques d'Ouganda et de Zanzibar les avaient même encouragés à considérer ce territoire récemment ouvert comme une «Amérique indienne».

Ce fut en grande partie pour riposter à cette campagne indienne qu'il fut décidé de dépouiller Mombasa, où les traditions orientales paraissaient à certains trop prononcées, de son statut de capitale. Nairobi devint la capitale du Protectorat en 1907, mais c'est en 1920 seulement que la région devint une colonie de la Couronne, la Crown Colony of Kenya, le plus haut sommet de la région léguant ainsi son nom au pays.

Vers l'africanisation
L'administration coloniale interrompit une série de changements alors en cours au sein des tribus du Kenya. Elle imposa sa domination aux diverses ethnies autochtones au moyen d'un système de chefs tribaux. Ces hommes étaient choisis parmi ceux qui avaient conduit les caravanes, recruté de la main-d'œuvre pour le chemin de fer et les nouvelles fermes et qui parlaient le souahéli. De nouvelles rivalités virent le jour entre les jeunes Africains ambitieux qui se disputaient la richesse et les privilèges attachés au titre de chef.

En même temps, les Britanniques procuraient involontairement aux Africains le moyen de gagner leur indépendance, en leur donnant, par l'intermédiaire des missionnaires, une éducation de style européen. En effet, les dirigeants des mouvements révolutionnaires des années 1920 étaient tous d'anciens élèves des écoles de la Kikuyu Mission Station et de l'East Africa Scottish Mission de Kibwezi. Il s'agissait surtout de Masaïs, ayant fui la famine et les épidémies, ou d'enfants d'agriculteurs spoliés des Highlands. C'est à la mission luo de Nomia que John Owalo eut la vision d'un paradis où ses disciples africains et lui-même seraient admis en compagnie des Juifs et des Arabes, mais d'où les Européens et les Indiens seraient exclus.

Lors de la Première Guerre mondiale, les Africains du Kenya fournirent plusieurs milliers de soldats et plus de 150 000 travailleurs pour la campagne en Afrique-Orientale allemande. C'est en vivant et en combattant au côté des Européens que les indigènes acquièrent leur première expérience directe des forces et des faiblesses réelles de l'homme blanc. Les anciens combattants prirent naturellement la direction de groupes militants, tels la Kavirondo Taxpayers and Welfare Association (KTWA) et la Kikuyu Central Association (KCA).

Les lois sur le recrutement de la main-d'œuvre furent le prétexte de revendications. La migration forcée arrachait les Africains à leur terre pour les **23**

faire travailler dans les White Highlands. Les pasteurs se voyaient transformés en ouvriers agricoles, les pêcheurs devenaient domestiques. Une politique de «développement séparé» plaçait les Africains qui ne travaillaient pas sur des terres occupées par des Blancs dans des réserves indigènes clairement délimitées pour empêcher tout empiètement illégal. Cette protection pouvait néanmoins être modifiée, comme en 1931, lorsque de l'or fut découvert dans l'une des réserves. A part les villes côtières souahélies, les zones urbaines du Kenya étaient toutes de création européenne. Les Africains pouvaient y travailler mais non y séjourner, excepté comme «visiteurs» dans les bidonvilles des faubourgs.

L'immigration indienne, révélée par les frises d'un temple swami.

Sans se soucier des structures tribales, la rurale KTWA alliait les Luos aux Luyias, tandis que la KCA, basée à Nairobi, regroupait, elle, les Kikuyus et les Kambas musulmans. Les dirigeants de ces mouvements mirent à profit leur instruction et leur connaissance des mœurs européennes pour combattre à la fois les pratiques coloniales et le conservatisme tribal traditionnel responsable de la soumission des Africains. En 1920, un éditorial du journal de la KCA proclamait: «Une tribu ou une nation instruite viendra toujours à bout d'une tribu ou d'une nation sans instruction. Vous feriez bien de vous met-

24

tre ça dans la tête.» L'auteur de l'éditorial s'appelait Jomo Kenyatta...

Les Britanniques tentèrent de maîtriser le mouvement indépendantiste en entretenant de bons rapports avec les dirigeants africains les plus modérés. En 1944, Eliud Mathu, diplômé d'Oxford, devint le premier membre africain du Conseil législatif du Kenya. La même année, l'administration coloniale autorisa la formation d'un groupe de conseillers autour de Mathu, mais elle insista pour qu'il porte le nom de «Kenya Study Union» plutôt que celui de «Kenya African Union», appellation à leurs yeux trop nationaliste. Deux ans plus tard, Jomo Kenyatta rentra à Nairobi après seize années d'études, d'enseignement et d'activisme politique en Angleterre. Il prit la direction du conseil consultatif de Mathu et rebaptisa le groupe «Kenya African Union». Président du Conseil de 1947 à 1952, date à laquelle celui-ci fut interdit, il transforma la petite élite instruite qu'il dirigeait en un mouvement politique de masse ouvert aux travailleurs, aux illettrés et aux anciens combattants de la Seconde Guerre mondiale.

Les divergences s'accentuè-rent entre les disciples de Kenyatta, qui prônaient l'indépendance par des méthodes révolutionnaires, et les modérés entourant Mathu, qui préconisaient une solution graduelle et réformiste. Les modérés étaient tout particulièrement irrités par l'importance accordée aux Kikuyus au sein de la KAU, et Kenyatta convint qu'une direction multitribale était essentielle à l'indépendance nationale; le problème continua d'ailleurs de se poser après l'accession du Kenya à l'indépendance.

Les Mau-Mau

Les partisans de Kenyatta l'emportèrent et la situation évolua inexorablement vers un soulèvement des Mau-Mau (ce nom vient, pense-t-on, d'un signal kikuyu annonçant l'arrivée de l'ennemi), en 1952, où les Kikuyus entraînèrent les membres des tribus des Merus et des Embus dans une rébellion contre les colons des White Highlands. La lutte fut féroce. Kenyatta fut jeté en prison, puis exilé dans la région désertique du Nord. Des milliers de Kikuyus, d'Embus et de Merus furent déportés et placés dans des zones gardées. En 1956, les troupes britanniques repoussèrent enfin les **25** bandes Mau-Mau vers le mont Kenya et les forêts d'Aberdare, où elles les décimèrent ou les capturèrent. Le nombre des victimes du soulèvement, qui prit fin officiellement en 1960, s'éleva à plus de 11 000 Mau-Mau, à près de 2000 civils africains. Cinquante soldats britanniques et 30 civils européens périrent également.

La résistance armée était brisée, mais l'autorité coloniale était irrémédiablement ébranlée. En 1960, les 800 000 hectares des White Highlands furent ouverts aux Noirs. Les conflits tribaux n'étaient pas résolus pour autant et la Kenya African National Union (KANU), dominée par les Kikuyus, dut disputer le pouvoir à la Kenya African Democratic Union (KADU) des tribus minoritaires. L'indépendance fut obtenue le 12 décembre 1963, et quand la république fut proclamée, en 1964, Kenyatta, revenu d'exil en 1961, en fut le premier président.

L'indépendance
Le drapeau du Kenya est noir, rouge et vert: noir comme les Africains qui gouvernent le pays, rouge comme le sang versé lors de la lutte pour l'indépendance et vert comme le pays lui-même.

L'époque post-coloniale a été marquée par une africanisation graduelle. Les anciens White Highlands sont progressivement devenus la propriété de familles indigènes. La nouvelle classe commerçante africaine prend une part de plus en plus grande dans des secteurs de l'activité économique auparavant réservés aux Européens et aux Asiatiques (construction mécanique et immobilière, transports, tourisme et commerce).

Les efforts visant à créer un marché commun africain entre le Kenya, l'Ouganda et la Tanzanie, notamment après la signature du traité pour la coopération en Afrique orientale, en 1969, se sont heurtés à de nombreux obstacles.

Mzee (le Vénérable), comme on appelait Kenyatta, exerça une direction charismatique et unificatrice durant les quinze années de sa présidence. Son prestige international, même auprès de ses anciens ennemis britanniques, a donné beaucoup d'assurance aux Kényens. Il a légué à ses successeurs de solides fondations pour l'édification du Kenya.

Au Kenya, même les lessives ont, par leurs coloris, des airs de fête.

Que voir

Nairobi

Il n'est pas inutile de faire une étape d'au moins deux jours à Nairobi avant de partir pour la côte ou les réserves de chasse. Vous y comprendrez pourquoi le Kenya a mené à bien son passage de l'état de colonie à celui de république stable. Il ne faut pas perdre de vue que Nairobi est une ville de conception européenne, artificiellement créée en un lieu qui convenait à la fois aux constructeurs du chemin de fer et aux administrateurs coloniaux. Pendant la majeure partie de l'époque coloniale, les Africains n'étaient même pas autorisés à y résider. Vous verrez aujourd'hui une ville qui s'africanise, mais avec l'aide de techniques modernes, européennes et américaines.

Nairobi est la plus grande ville d'Afrique orientale avec une population d'un million d'habitants environ. Dans un pays où la précipitation n'est pas de mise, on se bouscule presque dans les grandes artères de Nairobi. Une telle agitation, si près de l'équateur, s'explique par un climat délicieusement tempéré par l'altitude. C'est d'ailleurs en partie à cause de ce climat que les Britanniques décidèrent de faire de Nairobi la capitale de la colonie.

Lorsque les travaux de construction commencèrent, en 1899, le site était décrit, toutefois, comme «une étendue marécageuse balayée par les vents et dépourvue de toute habitation». Les Masaïs étaient plus flatteurs pour cette région qu'ils appelaient *Nakusontelon* (la source de toutes les beautés). En tout cas, aujourd'hui, Nairobi est très fière d'être la «ville des Fleurs»: hibiscus, jacarandas, bougainvillées, frangipaniers et acacias abondent le long des rues et des chemins, dans les parcs et les jardins luxuriants.

En 1902, le site faillit être abandonné après une épidémie de peste, car on détruisit la ville par le feu sur le conseil d'un médecin. En fait de «ville», on ne comptait guère dans ce poste frontière que quelques rangées de tentes, de baraques en tôle ondulée et de boutiques indiennes, une usine d'eau gazeuse, des dépôts de chemin de fer et un hôtel délabré...

Malgré une nouvelle épidémie de peste en 1904, Nairobi fut reconstruite et, lorsque le Protectorat y établit officielle-

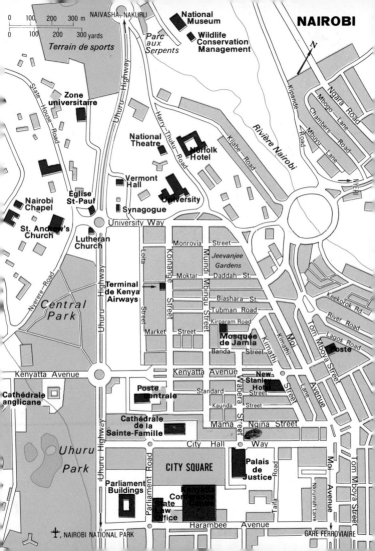

ment son quartier général en 1907, les grands chasseurs blancs en firent la base de départ de leurs safaris. Le plus éminent d'entre eux fut Théodore Roosevelt, président des Etats-Unis: il conduisit un safari de 500 porteurs, tous habillés de bleu et chargés chacun de 25 kilos de vivres et de matériel. En dix mois – il était alors en «réserve de la république» –, Roosevelt abattit 296 bêtes!

C'est seulement au cours des années trente que Nairobi émergea de ses primitives origines pionnières pour commencer à ressembler à la ville d'aujourd'hui, qui couvre une superficie de 650 km², aéroport et parc national (Nairobi National Park) compris. Limité au nord par la rivière Nairobi, au sud par le chemin de fer et à l'ouest par l'autoroute Uhuru (à six voies), le triangle de la zone centrale, qui ne peut guère s'étendre vers l'extérieur, croît vers le ciel au moyen de gratte-ciel.

Le plus grand édifice, l'immense **Kenyatta Conference Centre,** symbolise tout à fait les origines européennes et la destinée africaine de la ville en combinant une tour cylindrique et un palais des congrès conique qui évoque les huttes africaines. Ce Centre de conférences, achevé en 1973, possède un restaurant tournant au sommet d'une tour; ce dernier vaut à lui seul le déplacement, ne serait-ce que pour la vue qu'il propose sur la ville et les collines environnantes. Situé sur City Square, il voisine avec le vieux – à Nairobi, ce terme est tout relatif – Palais de Justice néo-classique (Law Courts), copié sur les bâtiments administratifs provinciaux britanniques.

Les arcades, caractéristique dominante de l'architecture du quartier des affaires, sont parfaitement adaptées au climat: elles vous protègent des ondées soudaines ou du soleil de midi lorsque vous déambulez en ville. Ces arcades abritent également les boutiques et les restaurants de Mama Ngina Street – ex-Queensway, rebaptisée aujourd'hui du nom de l'épouse de Kenyatta – et de Kimathi Street, qui porte le nom de Dedan Kimathi, dirigeant mau-mau exécuté par les Britanniques en 1957. Kenyatta Avenue est la plus large des grandes artères. Tracée à l'époque des pionniers, elle fut

Le Centre de conférences Jomo Kenyatta: modernisme et tradition.

conçue pour permettre à des attelages de 12 bœufs d'y faire demi-tour sans difficulté!

Les hôtels Norfolk et New Stanley, que vous pouvez fréquenter même si vous n'y êtes pas descendu, sont deux des plus célèbres points de rencontre de Nairobi. Le **Norfolk,** sur Harry Thuku Road, est à peine plus jeune que la ville; endommagé par un incendie au début de 1981, il n'en a pas moins conservé une atmosphère toute coloniale.

Le **New Stanley's** tire sa gloire de son café, le Thorn Tree, qui donne sur Kimathi Street. Les chasseurs et autres voyageurs avaient coutume de laisser des messages épinglés au tronc d'un immense acacia qui se dressait au milieu du café. La tradition se perpétue, bien que les touristes aient remplacé les chasseurs et qu'un nouvel acacia ait pris la place de l'arbre original: Franz écrit à Heidi (et au reste du monde) qu'il la retrouvera au Caire et Françoise préviennent Jean qu'elle ne pourra le rejoindre à Marrakech.

Nairobi est très éclectique en matière d'édifices religieux. La mosquée de Jamia fut édifiée en 1933 par la secte sunnite (islamique) sur Kirparam Road, au nord de Kenyatta Avenue. A la cathédrale de la Sainte-Famille (Cathedral of the Holy Family), sise sur City Hall Way, les offices sont célébrés en souahéli et les hymnes chantés sur des rythmes africains traditionnels. La cathédrale anglicane (All Saints Cathedral), à l'ouest de Uhuru Park, est le modèle même de l'architecture ecclésiastique britannique. On trouve également une synagogue, à l'ouest de l'Université de Nairobi.

Le **Musée national** (National Museum), sur Museum Hill, à l'extrémité nord de l'autoroute Uhuru, mérite une visite pour sa collection d'objets préhistoriques illustrant les origines de l'homme et de différents animaux. Vous y verrez la fameuse pièce n° 1470, correspondant au crâne de notre ancêtre commun, qui vivait sur la rive du lac Turkana il y a 2 500 000 ans (voir p. 13). On peut également y voir les découvertes de l'Olduvai Gorge, en Tanzanie; les restes fossilisés, peut-être vieux de 1 650 000 ans, de l'*homo habilis*, le premier homme qui fabriqua des outils (haches et tranchoirs de pierre); et ceux de l'*homo erectus*, vieux de 1 150 000 ans, dont la capacité céphalique était assez proche de celle de l'*homo sapiens*.

Parmi les restes d'animaux préhistoriques, on peut voir une autruche géante, un rhinocéros (auprès duquel son descendant actuel fait figure de moustique) et un éléphant fossile qui date de deux millions d'années; pour le faire entrer, il fallut abattre l'un des murs du musée! Dans la cour se trouve la version empaillée d'un monstre moderne: Ahmed, l'éléphant légendaire de Marsabit, aux défenses gigantesques, déclaré monument historique par le président Kenyatta. Ahmed mourut de mort naturelle en 1974... âgé d'environ 60 ans. Dans des dimensions plus raisonnables, oiseaux et insectes (papillons en particulier) forment une magnifique collection.

Le **parc aux Serpents** (Snake Park), avec ses nombreux ophidiens, ses crocodiles, ses lézards et autres spécimens de reptiles kényens, fait face au musée. Les amateurs de ce genre de spectacle peuvent assister au prélèvement du venin (en général le mercredi après-midi).

Si vous visitez Nairobi avant de partir pour les parcs nationaux et les réserves de chasse, vous souhaiterez peut-être faire une excursion parmi les magnifiques paysages de forêts, de collines et de sava-nes du **Parc national de Nairobi,** premier parc national créé (en 1945) au Kenya. Si vous en avez déjà visité d'autres, comme Samburu ou Masaï Mara, les routes bien signalées et bien entretenues de ce Nairobi National Park vous paraîtront un peu trop «civilisées».

Il y a beaucoup de lions, et les gardiens postés à l'entrée du parc vous indiqueront où les trouver. Cherchez également les autruches (qui n'enfoncent *pas* leur tête dans le sable), les babouins, les zèbres, les girafes, les phacochères et les élands – antilopes dont la chair savoureuse et le lait ont suscité l'intérêt des spécialistes de l'élevage qui espèrent réunir des troupeaux dans des fermes spéciales. Bien qu'une clôture empêche les animaux de franchir la route Nairobi–Mombasa, ceux-ci peuvent néanmoins circuler librement vers Amboseli et Tsavo à travers les plaines d'Athi et de Kaputei. Les animaux trop farouches que vous n'aurez pas réussi à apercevoir dans les autres parcs surgiront ici devant votre véhicule, blasés et quasi prêts à poser... un des grands avantages du Nairobi National Park pour le photographe!

À l'extrémité occidentale du

Rare témoin du passé, le Palais de Justice; éphémère, mais plus coloré, un marché aux fleurs...

parc se trouve l'**Orphelinat pour animaux** (Animal Orphanage), créé en 1963, avec des fonds collectés en majeure partie par des écoliers hollandais, pour recueillir de jeunes animaux abandonnés dans la nature par leurs parents. Les zoologistes, qui prennent soin de ces petites bêtes jusqu'à ce qu'elles soient en âge d'être relâchées dans la nature, en profitent pour les étudier de plus près. Cet orphelinat permet de plus aux enfants de prendre contact avec la faune du Kenya. Mais pour le visiteur qui dispose des innombrables parcs et réserves, l'orphelinat n'est guère plus qu'un petit zoo d'un intérêt limité.

Si les objets préhistoriques du Musée national ont éveillé votre curiosité, vous serez peut-être tenté de faire une

excursion à **Olorgesailie,** à 64 km. à l'ouest de Nairobi. Le site a été classé parc national pour protéger les vestiges d'un campement de l'âge de pierre, exhumé dans les années quarante par Louis et Mary Leakey, couple de paléontologistes et anthropologistes célèbres dont le fils dirige aujourd'hui le musée de Nairobi. A l'abri de toits de chaume est exposée une excellente collection d'outils et d'armes qui furent trouvés gisant sur le sol, exposés aux éléments mais miraculeusement préservés.

La route qui mène jusqu'à Olorgesailie vous conduira également jusqu'au **Rift** (Rift Valley), impressionnant phénomène géologique que vous rencontrerez en permanence sur le chemin des réserves de chasse. Pour une vue générale de cette immense vallée, essayez de faire au moins une fois le trajet entre les parcs et la capitale à bord d'un avion de tourisme. **35**

Parcs nationaux et réserves

Chaque nation a ses monuments, et ceux du Kenya ne sont pas des cathédrales, des palais ou des musées, mais les animaux sauvages qui sillonnent le pays. Ces animaux, oiseaux compris, jouissent d'un statut privilégié au Kenya, où ils sont protégés contre l'extermination systématique et le braconnage, responsables de l'extinction presque totale de certaines espèces. Ainsi les éléphants, au nombre de 165 000 en 1970, n'étaient plus que 60 000 en 1978. Quant aux 2000 à 5000 léopards recensés en 1971, ils sont durs à débusquer. Du fait de l'accroissement de la population, les zones urbaines et les terres cultivées se sont étendues, et un système de parcs nationaux et de réserves de chasse (dirigés par les autorités locales) a dû être créé pour protéger les humains contre les animaux et vice versa.

Ce système a permis à la faune de survivre dans son habitat naturel – encore que les vieilles habitudes migratoires aient été quelque peu modifiées, bouleversement dont les écologistes ne peuvent encore prévoir les effets à long terme. Il permet également aux touristes d'observer les animaux au naturel: chassant, mangeant, buvant, s'accouplant ou se vautrant dans la boue.

Les safaris (mot souahéli qui signifie «voyage») dans la brousse ont lieu à bord de jeeps et de minibus à toit ouvrant qui permettent d'«approcher» la faune et la flore. Il n'y a rien de plus excitant que de se réveiller à l'aube, de prendre une rapide tasse de thé ou de café et de partir sur les traces du gibier: la plupart des bêtes vont boire, avant de se reposer à l'abri du soleil.

Vous aurez maintes occasions de filmer, de photographier ou d'observer les animaux à la jumelle. Mais n'oubliez pas de vous renseigner sur les bêtes que vous espérez rencontrer dans tel ou tel parc. On ne les trouve pas toujours aux mêmes endroits: elles se déplacent en fonction des conditions météorologiques et de la disponibilité de la nourriture et de l'eau. L'organisateur de votre excursion a prévu tout ce qui pouvait l'être, aussi ne lui en veuillez pas si certains animaux décident de ne pas se conformer au plan initial!

Dès la p. 39, nous tentons de dégager les particularités des plus grands hôtes de ce pays.

A faire et à ne pas faire dans les parcs et réserves

Vous apprendrez très rapidement à accepter les restrictions et règlements imposés dans les parcs et réserves, visant à préserver aussi bien la vie animale que les beautés naturelles.

A part les hôtels, les *lodges* (le *lodge* est une sorte de motel) et les campements spécialement désignés, toute forme de résidence est bannie des parcs nationaux. Les réserves de chasse, quant à elles, ne sont ouvertes qu'à un nombre limité de pasteurs avec leurs troupeaux.

Les excursions dans les parcs et réserves ne sont autorisées que pendant la journée, soit de 6 h. à 18 h. environ. Même si vous n'y êtes pas habitué, vous apprendrez rapidement à vous coucher et à vous lever tôt pour profiter au maximum des périodes d'observation. Il y a beaucoup à voir tout au long de la journée; l'après-midi, après une petite sieste, vous pourrez faire une dernière sortie avant le crépuscule, heure à laquelle les carnivores partent en chasse et où les animaux les plus difficiles à observer sortent de leur cachette.

Pour leur propre sécurité et pour éviter de déranger les bêtes, les touristes ne sont pas autorisés à quitter leur véhicule pendant le safari, sauf en certains points bien définis. Si cela peut parfois vous paraître agaçant, considérez avec philosophie cette situation ironique, où les humains sont en cage, tandis que les animaux déambulent en toute liberté...

La vitesse des véhicules est généralement limitée à 48 km./h. à l'intérieur des parcs, mais il est préférable de conduire moins vite encore. Vous profiterez mieux du spectacle et soulèverez moins de poussière. Le gouvernement a choisi de ne pas goudronner les routes des parcs, inégales et souvent défoncées, de manière à ralentir la circulation et à maintenir ces zones dans leur état naturel.

Le Ministry of Tourism and Wildlife désignera des *rangers* pour vous accompagner sur les traces des animaux, et il est expressément recommandé de recourir à leurs services. Ces *rangers* sont généralement des habitants de la région qui connaissent comme leur poche les territoires de «ces bêtes qu'on appelle sauvages»; ils peuvent non seulement vous guider vers les animaux les plus farouches, mais aussi vous renseigner sur leurs mœurs.

Dans certains parcs, vous pouvez quitter la piste. Assurez-vous pour cela que vous disposez d'un solide véhicule à quatre roues motrices, puis prenez un *ranger* avec vous.

Quels sont donc ces animaux?

L'**éléphant** *(tembo* ou *ndovu).* Bien que le lion ait de tout temps été considéré comme le roi des animaux, vous concluerez sans doute, après avoir vu les bêtes établir leur propre hiérarchie dans la nature, que le véritable seigneur est l'éléphant. Le lion, lui-même, s'écarte à son passage. Vous ne manquerez pas d'être saisi par la prodigieuse noblesse qui émane d'un troupeau d'éléphants en quête d'herbe fraîche, de feuilles ou d'écorce juteuses, d'un point d'eau ou de boue dans laquelle il fait bon se vautrer. Peut-être les verrez-vous aussi se couvrir de poussière avec leur trompe, puis se frotter aux arbres pour se débarrasser des parasites.

Un mâle adulte de 3 m. de haut environ pèse près de 5400 kg. (ses défenses peuvent atteindre jusqu'à 90 kg. chacune). La femelle, un peu moins haute, pèse «seulement» 2700 kg. Ce sont les femelles qui conduisent les troupeaux composés de leurs

Rejeté du troupeau, l'éléphant «so- litaire» attaque hommes et bêtes.

propres petits et des petits de leurs filles. Les mâles sont chassés du troupeau vers 12 ou 14 ans, dès qu'ils sont en âge de se débrouiller seuls, et rejoignent les autres mâles.

Très maternelles, les éléphantes protègent seules leurs petits contre les lions et les hyènes. Les mâles n'apparaissent que lorsque l'une des femelles est en chaleur. La gestation dure vingt-deux mois, c'est la plus longue chez les mammifères. Les éléphants, qui vivent de 50 à 60 ans, enterrent leurs morts, les dépouilles d'autres animaux et même les humains qu'ils tuent parfois; mais, contrairement à la légende, il n'existe pas de cimetière d'éléphants: chaque fois que de nombreux squelettes ont été découverts en un même endroit, il s'agissait invariablement de massacres perpétrés – évidemment – par l'homme.

Le **lion** *(simba)* n'est peut-être pas le roi de la savane, mais c'est sans doute le prédateur africain le plus redouté. Les lions sont des chasseurs farouches; mais quand vous les verrez en plein jour, ils vous paraîtront le plus souvent dociles, paresseux, impassibles, voire «aimables». Les troupes de lions, qui réunissent de petites familles et occu- **39** pent un vaste territoire (50 km², sont moins unies que les troupeaux d'éléphants. Les bêtes – généralement des lionnes et leurs petits – rôdent par petits groupes, tandis que les mâles se déplacent ensemble, ne rejoignant les femelles et les lionceaux que pour les repas. Avec une passivité arrogante qui mettrait en rage la féministe la plus modérée, le lion laisse sa «moitié» accomplir presque toute la chasse et n'intervient qu'au moment de la mise à mort; il écarte alors de ses 180 kg. la lionne (qui n'en pèse que 110) et ses petits pour se tailler... la part du lion.

Le zèbre et le buffle constituent la proie favorite des lions. Ces deux animaux sont, en effet, assez grands pour assurer un repas copieux à toute la famille.

Les lions sont très affectueux. Ils aiment à se lécher réciproquement et à se frotter l'un contre l'autre. C'est souvent un acte de solidarité avant la chasse ou plus simplement un geste d'amitié pendant la sieste qui suit le repas. Les mâles sont tout particulièrement attentifs à bien soigner leur opulente crinière, leur principal emblème sexuel. Le rugissement, que l'on entend souvent avant l'aube ou au crépuscule, est un crescendo de grognements profonds qui ne ressemble en rien au pseudo-rugissement du lion de la Metro Goldwin Mayer!

Le **babouin** *(nyani)*. Les behavioristes ont fondé leurs théories de l'agressivité naturelle et de la domination du mâle chez l'être humain sur leur observation du comportement des babouins. Outre la valeur douteuse d'un tel parallèle, de récentes observations ont montré que les babouins ne sont motivés ni par la peur ni par une brutale tyrannie, comme on le prétendait, mais par d'étroits liens familiaux et des rapports de coopération sociale excellents.

Si les mâles jouent un rôle important dans la protection de la troupe de babouins, ce sont les femelles qui sont responsables de sa stabilité: elles demeurent toute leur vie dans le groupe, tandis que les mâles passent continuellement d'une bande à une autre. La structure sociale est fondée sur la famille, laquelle peut compter jusqu'à 20 membres. Les mâles font bande à part et avancent à la périphérie de la troupe tandis qu'elle cherche sa nourriture.

Vous apercevrez souvent des mâles, des femelles et des bébés babouins se lavant et se cherchant mutuellement des tiques – activité qui renforce la solidarité du groupe et que les zoologistes n'hésitent pas à nommer amitié. Mâles et femelles nouent des amitiés indépendantes des relations sexuelles. Il existe une hiérarchie de prestige parmi les femelles, et les mâles recherchent la compagnie des femelles dominantes. Ce sont elles qui sont les véritables chefs de la troupe.

Les babouins se nourrissent de jeunes pousses d'herbe, d'arbrisseaux et de plantes aromatiques de la savane, mais ce qu'ils préfèrent, ce sont les fruits, les figues en particulier. A l'occasion, ils deviennent carnivores et chassent oiseaux, lièvres ou jeunes gazelles. Rien ne serait en sécurité dans un pique-nique laissé sans surveillance... Si les babouins sont toujours prêts à jouer, ils peuvent devenir méchants lorsqu'on les provoque.

La **girafe** *(twiga)*. En 1414, une «licorne» fut offerte à l'empereur de Chine par l'intermédiaire de commerçants arabes de Malindi; on prétend qu'il ne fut pas déçu lorsque la licorne en question se révéla n'être... qu'une girafe. Vous croyez peut-être savoir, pour en avoir vu au zoo, à quoi ressemble cet étrange animal;

pourtant, vous éprouverez une agréable surprise lorsque vous repèrerez une girafe dominant la plaine ou se déplaçant avec dignité parmi les arbres d'une colline.

Du simple fait de sa grande taille – les mâles mesurent jusqu'à 5 m. de haut –, la girafe semble avoir atteint un état de grâce, une dignité ineffable. Elle se fie à une vue perçante et à un poste d'observation privilégié pour voir arriver de très loin les dangers potentiels, qu'elle fuira plutôt que de les affronter. Elle tire l'eau dont elle a besoin des feuillages juteux couverts de rosée, évitant de se pencher trop souvent pour boire au niveau du sol, ce qui la force à adopter une position disgracieuse et, surtout, la rend vulnérable aux attaques des lions.

Les femelles mettent bas debout, et le petit, qui mesure déjà près de 2 m. et pèse 65 kg., tombe la tête la première par terre. La chute de plus d'un mètre sectionne le cordon ombilical. Cette rude arrivée sur terre prépare le girafeau à une éducation sans grandes dé-

Pp. 42–43: si la hyène, la girafe ou le lion dresse l'oreille au moindre bruit, le babouin a d'autres soucis!

Picturepoint Ltd, London

monstrations de tendresse de la part de sa hautaine maman.

La **hyène** *(fisi)*. Vous n'êtes pas obligé d'aimer les hyènes. Avec leur tête disproportionnée, leur échine fuyante, leur poil miteux et leur démarche gauche, elles sont franchement laides. Ces amateurs de charognes peuvent faire un effroyable tintamarre de bien des façons: en huant, en gémissant, en ricanant, en hurlant, en grognant, en geignant ou en éclatant de leur fameux rire qui vous glace le sang.

Des études sur le terrain ont démontré que les hyènes mangent surtout le produit de leurs captures. Elles chassent très intelligemment et avec beaucoup de courage, s'attaquant parfois à des rhinocéros ou à de jeunes éléphants.

Groupées en clans serrés qui comptent jusqu'à 20 membres, elles vivent dans des tanières dont les différentes entrées sont reliées par un réseau de galeries. Phénomène peu courant chez les mammifères, les femelles sont plus fortes et plus lourdes que les mâles (58 kg. contre 54 kg. en moyenne). On attribue cette évolution au fait que la femelle doit protéger sa progéniture contre les fréquentes attaques du mâle, porté sur le «cannibalisme». La solidarité du clan est constamment renforcée, avant la chasse en particulier, lors de cérémonies de rencontre très élaborées. La chasse est soigneusement coordonnée. Les hyènes se lancent, par exemple, à la poursuite d'un troupeau de gnous et s'arrêtent brusquement pour observer la bande en mouvement. Lorsque l'une d'entre elles a repéré un animal plus faible que les autres, la victime choisie est abattue rapidement au moyen d'une série de morsures expertes.

Le **rhinocéros** *(kifaru)*. Il émane une certaine poésie de la croyance selon laquelle la corne de l'énorme, gauche et ombrageux rhinocéros possède des vertus aphrodisiaques lorsqu'elle est réduite en poudre. La quête historique et très lucrative de cette corne a aigri le caractère de ce pauvre rhinocéros. Si certains animaux des réserves se sont habitués aux visiteurs, le «rhino», lui, quand il aperçoit un être humain – avec ses petits yeux qui ne voient pas très clair –, pense que celui-là aussi en a après sa corne!

Il ne reste plus au Kenya qu'un millier de rhinocéros sur les 8000 qu'on y dénombrait dans les années 60. Bien qu'ils se déplacent en groupes de deux ou trois, ils sont le plus souvent seuls. Rien n'est plus lugubre que la plainte déchirante d'un solitaire dérangé par un autre rhinocéros à son point d'eau.

La seule créature qui puisse approcher du «rhino» en toute impunité est le pique-bœuf, un oiseau qui se perche sur son dos. En échange de ses tiques et de ses mouches, le pique-bœuf fournit au rhinocéros un système d'alarme très bruyant qui le réveille à l'approche de tout danger.

Les mères défendent farouchement leurs petits. Les lions eux-mêmes ne les attaquent qu'au péril de leur vie. Malgré ses 1350 kg., le rhinocéros peut atteindre une vitesse de 55 km./h.; aussi rapide que le lion, il est de surcroît capable de faire demi-tour sur place pour répondre à toute attaque à revers.

Rien n'est délicat chez les rhinocéros, pas même leur accouplement, ponctué de grondements et marqué par une résistance acharnée de la part de la femelle. Alors que chez la plupart des autres animaux la copulation ne dure guère plus de quelques secondes, elle se prolonge chez le rhinocéros au-delà de 30 minutes. Voilà qui expliquerait les propriétés mythiques attribuées à... sa corne.

Le **zèbre** (*Punda Milia*). L'important n'est pas de savoir d'où le zèbre tient ses raies, mais plutôt de justifier leur présence. Elles ne sont pas, en effet, un camouflage efficace ni un attribut sexuel, les mâles et femelles ayant, à peu de chose près, les mêmes robes – dans des gammes de couleurs allant du blanc et noir au beige et marron. La meilleure explication que l'on ait trouvée à ce jour est que les variations subtiles des raies permettent aux zèbres de se reconnaître entre eux à une certaine distance. Quoi qu'il en soit, l'effet optique créé par un troupeau de 200 zèbres lancés au galop a de quoi faire tourner la tête.

Les solides unités familiales du troupeau, chacune composée d'un étalon entouré de juments (jusqu'à six) et de leurs poulains, sont accompagnées par un groupe de mâles célibataires. Ces célibataires sont de «vrais zèbres»; ils passent la majeure partie de leur temps à courir, à lutter entre eux et à s'amuser. Les rapports entre l'étalon et son «ha-

Pp. 46–47: si l'on distingue mal le guépard du léopard, la différence entre zèbre et «rhino» est évidente. **45**

Fritz Bucher, Zürich

rem» sont cordiaux et entretenus par des toilettes mutuelles: quand on a une belle robe rayée, il faut en prendre soin! Contrairement à de nombreuses espèces, l'étalon ne semble pas redouter la concurrence des autres mâles et se montre «courtois» et «aimable» avec ses congénères.

Lorsque les lions ou les hyènes menacent, l'étalon ne s'enfuit pas. Il mord et rue pour laisser à sa famille le temps de s'enfuir. Cette tactique est souvent couronnée de succès, car pour capturer leurs proies les lions préfèrent les attaques-surprises aux combats acharnés. Les hyènes, quant à elles, se rabattent plutôt sur un individu faible, malade ou solitaire, délaissant l'étalon dont les ruades sont redoutables.

Le **guépard** *(duma)*. Quelles sont les différences entre le guépard et le léopard? Le premier a des taches rondes sur le corps et des «larmes» plus foncées sur la gueule. Le second, lui, est marqué de taches évoquant des groupes de cinq empreintes digitales et sa tête est mouchetée. Vous remarquerez, si vous avez la chance de pouvoir observer ces deux animaux, que le guépard est beaucoup plus souple, plus élégant, plus grand et plus élancé que le léopard. Si vous comparez ce dernier à une jolie femme, alors le guépard est un superbe mannequin... dont il a, d'ailleurs, l'attitude froide et hautaine.

C'est le mammifère le plus rapide du monde (il atteint 112 km./h., alors que le cheval de course le plus véloce «plafonne» à 77 km./h.). Les guépards n'étant pas très grégaires, ils chassent souvent seuls et ne peuvent donc protéger le produit de leur chasse lorsqu'ils sont attaqués par des lions, des hyènes, voire des vautours. La mère guépard élève consciencieusement ses petits, puis s'en sépare brusquement et définitivement. Les mâles vivent seuls, encore qu'il leur arrive de chasser en compagnie d'un ou deux autres mâles. Ils ne rencontrent les femelles que pour s'accoupler et cela seulement au prix d'une lutte farouche.

La mère apporte un soin particulier à l'enseignement de la chasse à ses petits. Au début, elle tue la proie elle-même. Le petit la ramasse et l'égorge à nouveau. Peu à peu, la mère laisse ses petits attaquer la proie les premiers et n'intervient que si la mise à mort est ratée ou si la proie risque d'être perdue. Vers 14 mois, les petits peuvent se dé-

Quand la chasse est fermée...

C'est en mai 1977 que le gouvernement kényen a décrété une suspension totale et immédiate de toutes les activités cynégétiques. Il s'agissait par là, en effet, de restaurer un équilibre écologique compromis par des années et des années de tueries, menaçant plusieurs espèces d'extinction.

Les autorités, peu soucieuses de s'avancer, se refusent encore à indiquer une quelconque date de réouverture. Si, en réalité, la chasse était rétablie, ce serait uniquement sur la base de quotas, et encore l'autorisation ne porterait-elle que sur quelques espèces menacées par le surpeuplement.

brouiller sans leur mère. Il n'est pas du tout exclu que vous assistiez à l'une de ces scènes, car le guépard est l'un des seuls grands félins à chasser pendant la journée, tôt le matin également.

Le **léopard** *(chui)*. Les léopards sont réputés farouches et vous n'avez que peu de chances d'en apercevoir, à moins que vous n'alliez dans un de ces *lodges* de chasse, où on les attire par des appâts sur des plates-formes illuminées. Ils demeurent sous le couvert des arbres et des denses broussailles.

Alors que les femelles circulent librement, les mâles restreignent leurs déplacements à un territoire dont ils marquent les limites avec de l'urine et qu'ils défendent contre les intrus. Le rugissement habituel du léopard ressemble au bruit d'une scie à bois; mais, pendant les amours, ces félins grondent et miaulent comme des chats de gouttière... dix fois plus fort cependant. Les femelles sont des mères affectueuses et, contrairement aux guépards femelles, elles demeurent en contact avec leurs petits une fois qu'ils ont atteint l'âge adulte.

Les léopards sont des fauves nocturnes qui passent leurs journées couchés à l'ombre, soit sous un rocher en surplomb, sur une colline, soit sur un arbre d'où ils peuvent surveiller les environs. Pesant entre 36 et 54 kg., ce sont des chasseurs très puissants; ils peuvent transporter jusqu'à 45 kg. de viande sur les plus hautes branches d'un arbre pour la mettre à l'abri des chapardeurs. Ils sont particulièrement friands d'autres carnivores, comme le renard, le chacal et différents félins. Cela explique aussi l'intérêt particulier qu'ils portent aux chiens domestiques lorsque, d'aventure, ils font un tour en ville... **49**

Aberdare et le mont Kenya

Le Parc national d'Aberdare*
(Aberdare National Park), au
nord de Nairobi et à l'ouest du
mont Kenya, est un bon point
de départ. Ici, les animaux
bénéficient de la protection de
forêts denses et de la jungle de
bambous. Comme il est difficile de les apercevoir lorsqu'on parcourt le parc à bord
d'un véhicule, des hôtels ont
été construits à la manière de
postes d'observation (pour
être sûr d'avoir une place, réservez bien à l'avance). Ils sont
perchés sur de longs pilotis au
milieu de la forêt, près d'un
point d'eau en général.

Le plus ancien d'entre eux
est le **Treetops,** à la limite
orientale du parc. A l'époque
de sa construction, en 1932,
c'était une simple cabane où,
les nuits de pleine lune, quelques visiteurs allaient observer les animaux sauvages qui
venaient s'abreuver au point
d'eau ou s'ébattre sur les terrains naturellement salins.

*Aberdare est l'ancien nom colonial;
c'est celui du président de la Royal
Geographical Society sous le règne de la
reine Victoria. Le nom kikuyu de
Nyandarua le remplace, mais il faut du
temps pour modifier les habitudes.

Bruce Coleman Ltd, Uxbridge

Un point d'eau comme tant d'autres.

Jouissant d'une certaine faveur, il fut remis à neuf et agrandi pour recevoir, en 1952, un jeune couple illustre: la princesse Elisabeth et le duc d'Édimbourg. C'est au cours de la nuit qu'elle passa au Treetops qu'Elisabeth apprit le décès du roi George VI et son accession au trône d'Angleterre.

Une «lune artificielle» (projecteurs) fut installée, et on ajouta un peu de sel sur le terrain pour les animaux. L'artifice des projecteurs, qui irrite peut-être les inconditionnels amoureux de la nature, ne semble pas déranger les animaux eux-mêmes. Après tout, pourquoi la lune ne brillerait-elle pas toutes les nuits?

Lorsque les forces britanniques engagèrent leur contre-attaque au cours des années 50, la forêt d'Aberdare fournit un refuge naturel aux Mau-Mau. En 1954, les Mau-Mau incendièrent le Treetops – ce qui ne présenta guère de difficultés, étant donné qu'il était, et demeure, en bois. Il fut reconstruit trois ans plus tard.

En raison de la proximité des animaux sauvages, tous les hôtes du Treetops doivent se rassembler dans la ville voisine de Nyeri (à l'hôtel Outspan, construit autour de l'an-cienne demeure de Robert Baden-Powell, fondateur du mouvement scout) pour être conduits en minibus à la lisière de la forêt. Un guide armé d'une carabine vous mènera ensuite, à pied, jusqu'à l'hôtel. On vous conseillera de rester groupés et de ne pas faire de bruit pour ne pas déranger le vieux – mais très dangereux – buffle qui hante les parages. Le chemin de l'hôtel est jalonné de plusieurs enceintes en bois où vous vous réfugierez en cas de visite imprévue!

Au Treetops, on vous servira du thé et des gâteaux, qu'il vous faudra peut-être partager avec des babouins et des calaos à corne. Après dîner, vous pourrez vous installer confortablement pour assister, aussi longtemps que vous le souhaiterez, au merveilleux défilé des éléphants, des rhinocéros, des antilopes et des buffles. En les regardant se rassembler autour du point d'eau, vous observerez comme ils respectent les hiérarchies. L'antilope cède la place au buffle, lequel s'écarte devant le rhinocéros, et tous s'éloignent lorsque surgit l'éléphant. Même si vous vous êtes couché très tard, n'hésitez pas à vous lever à l'aube pour assister au lever du soleil sur les cimes enneigées du mont Kenya.

L'hôtel **The Ark,** plus proche de la chaîne de l'Aberdare et auquel on accède par l'Aberdare Country Club, offre – en plus luxueux – une formule semblable à celle du Treetops. Comme son nom le suggère, l'hôtel est une sorte d'arche de Noé – sur pilotis –, et une passerelle y mène par-dessus la cime des arbres. Du «donjon» situé au niveau inférieur, vous pourrez observer de près les animaux. Avec de la chance, vous apercevrez peut-être le rare léopard *noir* ou le serval *noir*, plus petit. Il semble que ce soit l'altitude – supérieure à 2500 mètres – qui soit responsable de ce phénomène de mélanisme (noircissement du pelage des animaux).

Sur les contreforts boisés du **mont Kenya,** qui constituent aussi un parc national, se trouve un autre hôtel sur pilotis: le **Mountain Lodge,** à l'extrémité sud-ouest de la montagne, que vous pouvez gagner en voiture. Mountain Lodge vous fait pénétrer au cœur même de la «forêt de pluie», ce qui n'est pas le cas au Treetops, où les destructions occasionnées par les éléphants ont élargi la clairière autour du point d'eau. Il y a même un «guetteur de gibier» qui vous réveillera à coup sûr si l'un des animaux que vous avez «demandés» se

présente au point d'eau. Là vous découvrirez le monde envoûtant, mystérieux, de l'Afrique de vos rêves.

Mais la vedette de la région, c'est le mont Kenya. Les cimes enneigées de la deuxième plus haute montagne d'Afrique s'élèvent en plein sur l'équateur. Lorsque le missionnaire et explorateur allemand Johann Ludwig Krapf signala ce fait en Europe en 1849, on se moqua de lui!

On compte trois sommets: les pics Batian (5199 m.), Nelion (5188 m.) et Lenana (4985 m.); tous trois sont des «bouchons» de lave résultant d'éruptions volcaniques vieilles de dix millions d'années, à l'époque où la montagne mesurait 1800 mètres de plus. Les deux sommets les plus élevés sont régulièrement escaladés par des alpinistes chevronnés. L'ascension du Lenana étant, quant à elle, relativement aisée, on comprend que son sommet ait été surnommé le *Tourist Peak.*

L'origine du nom de la montagne est incertaine et c'est devenu un sujet d'orgueil tribal, étant donné que le pays lui-même a pris ce nom de Kenya. Les Masaïs l'appellent *Erukenya* (montagne embrumée), ce qui est vrai neuf mois de l'année. Les Kikuyus la **53**

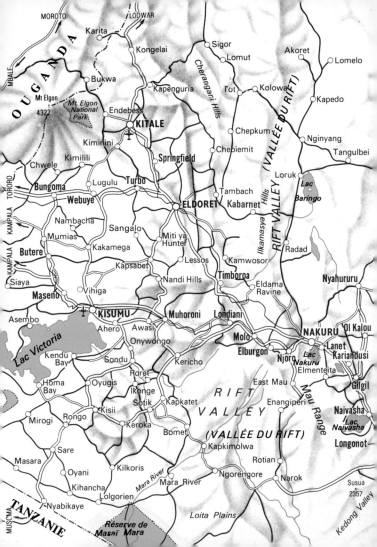

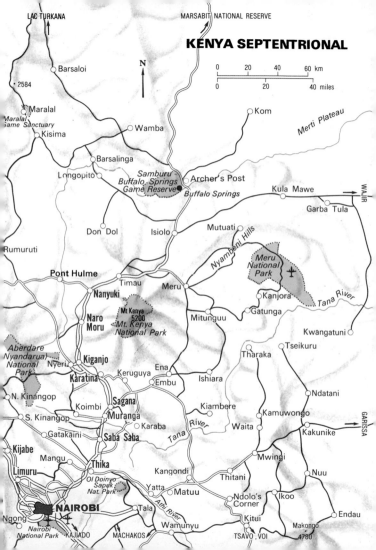

THE MOUNTAIN LODGE

ALTITUDE
7200 FEET
2195 METRES

nomment *Kirinyaga* (montagne blanche et glorieuse) et les Kambas *Kya Nyaa* (colline de l'autruche).

Si vous en avez le temps et si vous êtes en forme, tâchez de gravir le Lenana. Après toutes ces journées de safaris sans doute passées enfermé dans un véhicule, vous apprécierez cette marche à travers une forêt dense qui devient jungle de bambous à 2500 mètres et, à 3000 mètres, des clairières entourées de charmants hagenias d'Abyssinie, arbres auxquels s'accrochent orchidées, clématites sauvages et autres plantes grimpantes. Cette randonnée transforme les habitants des villes en zoologistes, ornithologues et botanistes amateurs (voir p. 93).

L'ascension ne présente aucun danger. L'animal que vous rencontrerez sans doute le plus souvent est le petit hyrax, qu'on appelle également daman ou lapin des rochers. A cause de son système digestif et des sabots dont ses pattes sont munies, ce lapin appartient (qui l'eût cru?) à la famille de l'éléphant.

Les lodges, ces hôtels particuliers au Kenya, sont conçus de façon à favoriser l'observation de la faune.

En 1958, le Mawingo Hotel de Nanyuki fut converti en un complexe hôtelier de luxe, le **Mount Kenya Safari Club.** Situé dans un superbe parc de 40 ha, l'établissement met à la disposition de ses clients aussi bien des pistes d'atterrissage que des restaurants, des piscines et un certain nombre de tours d'observation.

Samburu

La réserve de chasse de Samburu-Buffalo Springs, sur la rivière Uaso Nyiro au nord d'Aberdare, est petite pour une réserve kényenne. Vous aurez l'occasion, sur à peine 330 km², d'observer d'innombrables animaux.

Au **Samburu Game Lodge,** un hôtel situé près de la rivière, vous pourrez prendre un verre au bar des Crocodiles, au bord de l'eau, tout en regardant ces reptiles «dîner» quelques mètres plus loin. (Ce sont les cuisines de l'hôtel qui composent leurs menus!) Pour attirer le fameux léopard, on dispose de la viande sur une plate-forme illuminée. Mais le plus souvent, l'appât est dévoré par des genettes ou des mangoustes à queue blanche – spectacle beaucoup moins impressionnant, bien sûr, que celui offert par la vedette tant attendue.

57

Pendant le safari-photo, tout est minutieusement organisé à l'intention du touriste, de manière à ce qu'il réussisse l'instantané comme la pause.

Lorsque, à l'aube, vous partirez à la recherche des animaux, vous pourrez parcourir la réserve en tous sens sur les traces des lions et des rhinocéros: cette réserve est, en effet, située en terrain plat, ce qui permet de sortir facilement des pistes avec un véhicule. Pour trouver les fameux «cinq grands» du chasseur – lion, léopard, éléphant, buffle et rhinocéros –, restez près de la rivière, en particulier pendant la saison sèche. Ne manquez surtout pas la principale attraction de Samburu: la girafe réticulée. Avec sa robe à mailles couleur de bronze, elle est considérée comme la plus belle de l'espèce. On ne peut la voir qu'ici et dans les réserves de Meru et de Marsabit, où il est plus difficile de l'approcher. Tentez également d'apercevoir le rare zèbre de Grévy, avec ses oreilles en pavillon et sa livrée aux rayures plus complexes que celles de la variété commune.

Si vous voulez échapper à la vie d'hôtel, optez pour le cam-

ping. Le camp de Buffalo Springs, situé au sud de la rivière, loue ses tentes. Divers autres campements sont installés sur la rive de l'Uaso Nyiro, de même qu'au sud-est, le long de Champagne Ridge, d'où vous aurez une excellente vue sur la réserve. Le camping est particulièrement recommandé aux ornithologues amateurs, car Samburu possède une ahurissante quantité d'oiseaux. Un expert en a dénombré 363 espèces, parmi lesquelles l'aigle-faucon africain, l'outarde à crête de buffle, l'oie égyptienne, le pigeon culbutant et bien d'autres; mais l'amateur le moins éclairé apprendra,

lui-même, à reconnaître et à aimer le cérémonieux calao à corne, l'écervelée pintade et le vautour, cet efficace «éboueur».

Un groupe de vautours perchés sur un arbre signale immanquablement la présence d'un grand fauve installé près des restes de sa proie – les charognards attendent leur tour!

Les lacs Nakuru et Naivasha

Après les restrictions (justifiées) imposées dans les parcs, il est agréable d'aller faire un tour du côté des paisibles lacs Nakuru et Naivasha, au sud- **59**

Ecologie au lac Nakuru

Pourquoi les flamants préfèrent-ils le Nakuru aux autres lacs? Ce phénomène s'explique par un cycle écologique parfait. L'eau arrive au lac par trois débouchés, mais l'absence de tout effluent provoque une accumulation de sels minéraux, ce qui a pour conséquence une forte alcalinité de l'eau.

Les flamants sont particulièrement friands de certaines variétés d'algues d'un vert bleuâtre qui poussent dans cette eau. Ils en consomment en moyenne 135 tonnes par jour et déposent dans le lac 45 tonnes de fiente, qui se décompose. Ce qui, le soleil aidant, permet aux algues de doubler leur nombre en quelques heures. Les flamants mangent ces algues et le cycle recommence...

Les algues contiennent même un pigment de carotène qui ajoute une nuance rose aux plumages blancs des flamants. (Certaines années, ce cycle écologique est bouleversé par des pluies excessives qui élèvent le niveau du lac et submergent totalement l'algue préférée des flamants. Quand cela se produit, les oiseaux s'envolent vers d'autres lacs. Il est donc prudent de vous assurer qu'ils sont bien là où vous comptez vous rendre en excursion: renseignez-vous à l'hôtel!)

ouest de Samburu, et de se promener sans craindre d'être dévoré. De nombreux oiseaux sont attirés par cette région et l'on en compte plusieurs centaines d'espèces autour de chacun de ces lacs.

Le **lac Nakuru** est considéré par certains ornithologues comme l'un des meilleurs terrains d'observation du monde. Vous ne manquerez pas d'être impressionné par le spectacle du million – et du double dans les années exceptionnelles – de flamants roses posés le long de ses rives. Vous pourrez également y observer des centaines d'autres espèces, si vous voulez persévérer. Le lac est entouré d'un parc national, où vivent d'innombrables cobs singsing, impalas et babouins.

Mais le pôle d'attraction est le lac lui-même, un véritable havre de paix. Vous pourrez descendre dans un motel, mais la région se prête particulièrement au camping; les terrains réservés à cet effet sont très bien organisés. Traversez la forêt en direction du lac et installez-vous de façon à pou-

Lac Nakuru: c'est là que les flamants aiment à faire le pied de grue.

Aussi reposants pour les animaux que pour les humains, les abords du lac Nakuru appellent à la détente: à l'anglaise, autour d'une tasse de thé.

voir contempler les cormorans, les hérons, les pélicans, les cigognes et les chevaliers. Et profitez du soleil matinal, à Hippo Point, en compagnie des hippopotames.

En contournant le lac vers l'ouest, vous gagnerez le pavillon du Président, que l'on peut visiter. Vous y verrez de près **62** les flamants, dont c'est un des points de rassemblement préférés. Pour avoir une meilleure vue sur cette immense concentration d'échassiers, montez jusqu'au belvédère de Baboon Cliff, également sur la rive occidentale, d'où l'on jouit d'un très beau panorama sur tout le lac.

Le lac Naivasha, dont la superficie varie en fonction

des pluies, formait à l'origine un lac unique avec ceux d'Elmenteita et de Nakuru. Vous pourrez louer une barque à fond plat au Marina Club pour gagner Crescent Island, île giboyeuse située à l'extrémité orientale du lac. Grimpez jusqu'au point culminant de l'île et vous aurez une vue magnifique sur la Rift Valley, les monts Aberdare et de Mau.

Comme il n'y avait pas de poisson dans le lac, le minis- tère de la Nature et de la Pêche y a mis des perches noires et des tilapias. Tentez votre chance depuis votre barque! Les rives de Crescent Island seront sans doute trop marécageuses à votre goût pour la pêche. Si vous vous y rendez tôt le matin et en semaine, vous ne partagerez l'île qu'avec une poignée de gazelles, de minuscules dik-diks (antilopes) et quelques oiseaux, dont le martin-pêcheur, le pélican, la spatule et la sar- **63** celle. Vous apercevrez peut-être un ou deux hippopotames assoupis dans l'eau. Ne vous en effrayez pas, car ils vous trouveront, quant à eux, dépourvu du moindre intérêt. Mais si, par le plus grand des hasards, vous tombez nez à nez avec un hippopotame sur la terre ferme, veillez seulement à ne pas vous interposer entre l'eau et lui: c'est le genre de chose qui le fait sortir de ses gonds!

Si vous vous intéressez aux origines préhistoriques du Kenya, vous souhaiterez vous arrêter aux sites de Kariandusi et d'Hyrax Hill sur le chemin de Nakuru. **Kariandusi,** campement paléolithique vieux d'environ 400 000 ans, présente haches, tranchoirs d'obsidienne et quelques ossements fossiles. Mais **Hyrax Hill** est sans doute encore plus intéressant. Sous la direction d'un guide, vous visiterez un village néolithique souterrain, vieux de 10 000 ans environ, et un cimetière plus récent où furent découverts des squelettes.

Ces squelettes, dont la moitié environ sont ceux de femmes, furent découverts recroquevillés. Les femmes étaient toujours inhumées avec leurs ustensiles de cuisine: vaisselle de pierre plate, écuelles, mortiers et pilons. Les hommes, eux, n'avaient rien! Certains en ont déduit que ces rites funéraires rendaient un hommage rituel aux femmes, qui faisaient tout le travail. Les défenseurs du sexe réputé fort suggèrent que les objets enterrés avec les hommes furent dérobés par des profanateurs de sépultures... Ustensiles et autres objets sont exposés dans le petit musée local.

Sur le site, vous pourrez voir également, creusée dans le roc, une version primitive du jeu de *bao,* auquel on joue encore dans toute l'Afrique. Ce jeu consiste en deux rangées parallèles de petites cavités d'où des pions, des pierres en l'occurrence, sont transférés jusqu'à ce qu'ils soient capturés par l'un ou l'autre des joueurs.

Masaï Mara

Si votre voyage au Kenya ne vous laisse le temps de ne participer qu'à un safari, c'est à la réserve de Masaï Mara qu'il faut aller. Prolongement géographique du mondialement célèbre Parc national du Serengeti (Serengeti National Park) de Tanzanie, Masaï Mara vous offre la meilleure occasion de voir les principaux animaux sauvages dans

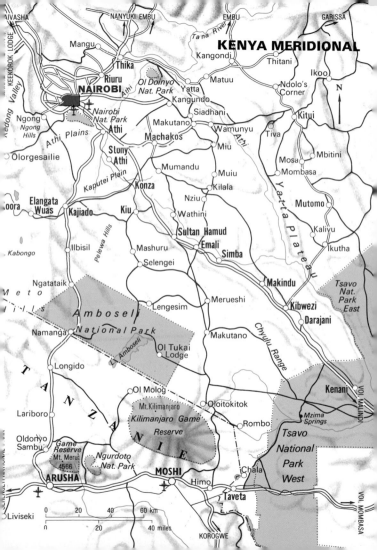

Les Masaïs

Alors que la majeure partie de la société kényenne s'est précipitée pêle-mêle dans le XXe siècle et s'apprête à entrer dans le XXIe, la tribu masaï demeure résolument conservatrice et s'accroche à des traditions très anciennes. Les jeunes guerriers *(moranes)* aux cheveux tressés, fiers et légèrement narquois, portent encore le manteau rouge et la lance. Ils sont une invite à se servir de son appareil photographique!

Au XIXe siècle, les Masaïs acquirent une farouche réputation en repoussant marchands d'esclaves arabes et tribus rivales; ils réussirent même à intimider les explorateurs européens avant de s'effondrer, vaincus par le choléra et la variole, leurs troupeaux décimés par la peste bovine.

Les Masaïs demeurent des pasteurs et se nourrissent de lait, de thé, de maïs et de sang prélevé sur leurs bestiaux – dont ils mangent rarement la viande. Chassés de leurs pâturages traditionnels par la sécheresse au début des années 70, ils menèrent leur bétail paître à l'aéroport de Nairobi. Le gouvernement eut toutes les peines du monde à persuader la tribu d'évacuer les pistes.

Les Masaïs pratiquent toujours la circoncision et les rites initiatiques permettant aux jeunes gens d'accéder au rang de guerrier, puis au mariage et au statut d'ancien. Le guerrier masaï a pour tâche de protéger son cheptel contre les animaux sauvages. Les Masaïs ont gardé quelque mépris à l'égard des Africains européanisés...

ses superbes collines couvertes d'acacias et le long de la sinueuse rivière Mara.

Située au cœur du territoire masaï, c'est-à-dire dans une région occupée depuis des siècles par des pasteurs et non par des chasseurs, la faune a réussi à préserver son équilibre biologique et jouit aujourd'hui de la protection d'autorités locales éclairées. Bien que Masaï Mara ait le statut officiel de réserve de chasse et que des pasteurs soient autorisés à y vivre avec leurs troupeaux, une zone de 500 km² en son cœur constitue un parc national d'où toute habitation humaine est bannie, à l'exception de deux *lodges.*

Au nord-ouest, **Mara Serena Lodge** domine le cours de la Mara et la plaine qui s'étend jusqu'à la frontière tanzanienne. De la terrasse, vous pourrez observer les migrations d'immenses troupeaux de buffles, de zèbres, de gnous et d'éléphants. Le motel doit beaucoup à l'architecture traditionnelle masaï. Il s'agit en fait d'un village de cases individuelles aux murs de boue ocre-rouge (équipées de tout le confort moderne cependant).

Dans la plaine, à l'extrémité orientale de la réserve, **Keekorok** est l'un des plus anciens *lodges* du Kenya. Mais il est composé de pavillons individuels, des bungalows cette fois, avec une piscine et un point d'eau artificiel, suffisamment éloigné pour éviter tout danger (car ce point d'eau attire fréquemment éléphants et buffles). Des safaris en montgolfière y sont organisés – réservez vos places dans une agence de voyages.

Si vous voulez camper parmi les animaux, allez à **Governor's Camp,** situé au bord de la rivière, à l'extrémité nord-ouest de la réserve. Ce campement est bien gardé et assez confortable pour satisfaire le citadin le plus délicat.

A Masaï Mara, il est permis de quitter les pistes et de rouler à travers la savane, mais pour cela il est prudent de se faire

De toutes les tribus du Kenya, les Masaïs sont sans aucun doute les plus fiers et les plus élégants.

A Kericho, dans les plantations de thé, l'ouvrier n'a pas de temps à perdre: cette ressource florissante est une des principales exportations.

accompagner d'un *ranger* (les Masaïs sont des compagnons de voyage très agréables). Vous verrez beaucoup de lions – en bandes de 20 ou 30 parfois – et, ici plus qu'ailleurs, vous aurez peut-être l'occasion d'apercevoir un léopard dans son habitat naturel. Particulièrement propice, le terrain découvert de la plaine vous permettra de voir le guépard courir ventre à terre. Il n'est pas impossible que, traversant un bouquet d'acacias, vous vous trouviez face à face avec un troupeau d'éléphants. Si ces mastodontes entourent votre voiture, ne vous en inquiétez pas: ils sont plus habitués aux humains que vous à eux.

Kericho

La sécheresse des pistes chaudes et poussiéreuses déclenchera sans doute chez vous une envie folle de voir enfin de l'eau tomber du ciel à flots... Avant ou après votre voyage à Masaï Mara, allez donc à Kericho: il y pleut, et avec une régularité déconcertante!

Célèbre pour sa plantation de thé, l'endroit, à 250 km. au nord-ouest de Nairobi, est arrosé pratiquement tous les jours. Lorsqu'à midi, sous un ciel vierge de nuage, les habitants de Kericho vous promettront une belle averse pour 15 heures, gageons que vous aurez quelque peine à les prendre au sérieux. Attendez! Et quand les gouttes commenceront à tomber, dansez sous la pluie! Jetez un coup d'œil à votre montre: il sera certainement 15 heures...

Vous pourrez aussi assister au déluge depuis le Tea Hotel, l'un des plus élégants vestiges de l'époque coloniale. Le caractère très britannique de ses impeccables pelouses vertes – un changement apprécié après l'aridité de la savane – semble tenir du miracle. Il n'est guère surprenant que cette région produise du thé.

Les plantations méritent une visite. Vous y verrez des kilomètres carrés de buissons verts, luxuriants et serrés qui arrivent à hauteur d'épaule. Ici et là apparaissent les têtes des cueilleurs de thé: ils détachent les bourgeons et les jeunes feuilles les plus hautes avant de les jeter dans des hottes en osier. Vous pourrez également visiter les manufactures de thé locales, aux abords de la ville. On vous y expliquera les différentes étapes de la préparation du thé: cueillette, fermentation et séchage.

69

Les éléphants ont un passeport permanent du Kenya vers les pentes du Kilimandjaro, en Tanzanie.

L'industrie du thé s'est développée durant les années 20 au Kenya. Des experts avaient en effet réalisé que le sol de Kericho convenait parfaitement à la culture des meilleurs plants de thé ceylanais et indiens. Vous comprendrez ici le fonctionnement de l'Empire britannique qui, telle une gigantesque compagnie commerciale, transférait des industries entières d'un continent dans un autre. Les origines impériales de l'entreprise sont gravées sur une antique machine: «Britannia, l'authentique trieuse à thé (Calcutta, Inde)».

Kericho est également une excellente base de départ pour les expéditions de pêche en amont de la rivière Kiptiget et dans les charmants Lower and Upper Saosa Dams, où l'on prend fréquemment des truites arc-en-ciel.

Amboseli, le Kilimandjaro et Tsavo

Si la visite du beau **parc d'Amboseli** (Amboseli National Park) est recommandée, c'est surtout à cause du spectacle

inoubliable des éléphants, des guépards et des girafes, auquel vous êtes susceptible d'assister, avec, en toile de fond, le KILIMANDJARO. Ses premiers contreforts septentrionaux exceptés, le Kilimandjaro est sur territoire tanzanien; mais sa présence majestueuse dominant tout l'Amboseli, il fait indéniablement partie du paysage kényan.

A Amboseli, vous aurez le plaisir de découvrir des hordes d'éléphants blanchis par la terre. Le spectacle d'un troupeau de 30 ou 40 pachydermes dans la lumière douce du soleil couchant est très impressionnant. Ils ne sont pas les seuls: tous les animaux qui se vautrent dans la boue d'Amboseli deviennent blanchâtres, à l'exception des hippopotames qui sont toujours plongés dans l'eau.

Les phacochères sont parmi les bêtes les plus amusantes. Ne mesurant guère plus de 75 cm. de haut, ces bêtes sont considérées comme laides, voire repoussantes, par la plupart des gens, qui ont du mal à s'habituer aux verrues qu'elles

Si la beauté n'est pas le propre du phacochère, il n'en est pas moins spécialement bien armé pour la vie.

Le Kilimandjaro

«Aussi vaste que le monde», écrivait Hemingway dans sa célèbre nouvelle, *Les Neiges du Kilimandjaro*, «grandiose, élevé et incroyablement blanc sous le soleil»: le Kilimandjaro est la plus haute montagne d'Afrique (5895 m.). Ce massif volcan éteint s'étend sur une surface d'environ 80 km. sur 50 km. et possède trois pics merveilleux. Le plus élevé supporte le plateau enneigé de Kibo, qu'on appelle Uhuru (Liberté) depuis l'indépendance de la Tanzanie. Shira, le sommet occidental, ne s'élève qu'à 4005 mètres. Quant au sommet dentelé du Mawenzi (5150 m.), à l'est, il est plus difficile à escalader que le Kibo, vaincu, en 1973, par... un «fan» de la moto, chevauchant bien sûr sa monture!

La légende veut que le fils du roi Salomon et de la reine de Saba, le roi Ménélik d'Abyssinie, ait, lui aussi, gravi le Kibo jusqu'au sommet, non sans avoir préalablement conquis l'Afrique orientale au cours de batailles épiques. Il aurait disparu dans un cratère avec ses esclaves qui transportaient tous ses joyaux et ses trésors, parmi lesquels l'anneau de Salomon. Si vous découvrez cet anneau, vous hériterez non seulement de la sagesse de Salomon mais encore du courage de Ménélik...

ont près des yeux et à leurs petites défenses disgracieuses. Pourtant, en les voyant tenter vainement de se faire une place au point d'eau quand les grosses bêtes ont le dos tourné et, lorsqu'ils sont effrayés, s'enfuir la queue dressée telle la hampe d'un drapeau, les phacochères suscitent le rire. Il ne faut pas oublier pourtant qu'ils peuvent être dangereux et qu'ils n'hésitent pas à charger lorsqu'on les excite.

Le **Parc national de Tsavo** (Tsavo National Park) est le plus vaste de toute l'Afrique orientale. D'une superficie de 20 480 km² environ, il est divisé en deux sections (est et ouest) par la route qui relie Nairobi à Mombasa. Après des années de sécheresse et d'incendies de forêts dévastateurs, la végétation de Tsavo a progressivement repoussé grâce aux récents forages de divers points d'eau. Ainsi, le paysage se compose en alternance de broussailles denses, de palmeraies, d'épineux et d'une savane heureusement

Les dignes marabouts se rendent à pas comptés vers le lieu de leur dîner. S'ils ne dédaignent pas une escorte, l'autruche, elle, prend cela de haut.

moins desséchée aujourd'hui qu'au début des – sombres – années 60.

C'est dans la région des collines que vivent les plus importants troupeaux d'éléphants du Kenya. Il n'est pas rare d'y rencontrer un groupe de plus de 100 individus – rougis de boue au sortir du bain – se dirigeant d'un pas tranquille vers quelque point d'eau. Quant aux girafes solitaires, elles vous paraîtront encore plus majestueuses et hautaines dans ce cadre exceptionnel.

A la limite septentrionale de Tsavo-Ouest, la coulée de lave du Shaitani, volcan éteint depuis moins de deux siècles, offre un spectacle d'un autre monde. On prétend que le volcan a enfoui un village kamba. Tandis que vous vous fraierez péniblement un chemin sur la lave noire, vous entendrez peut-être, comme le veut la légende, les fantômes des Kambas vaquant à leurs occupations avec leur bétail, leurs chèvres et leurs chiens.

Une expérience plus rafraîchissante et plus reposante vous attend à Mzima Springs, où vous pourrez voir une eau pure surgir des profondeurs des Kyulu Hills, avant de se perdre dans des étangs limpides. Ces sources fournissent quotidiennement des millions

de litres d'eau potable à Mombasa et à Malindi. Vous apercevrez un crocodile – ou deux – au bord de l'eau, généralement sur la rive *d'en face*, tandis que barbotent, indifférents, quelques hippopotames.

Vous pourrez les regarder d'un poste d'observation en verre et en béton construit dans l'un des lacs, sur la suggestion de deux cameramen de Walt Disney. Vous verrez également de près des brèmes et divers autres poissons. Des singes verts folâtrent dans les arbres et les buissons «brosse à dents», dont vous pourrez faire bon usage après un pique-nique au bord du Lower Pool (étang inférieur). Une brindille suffit!

Tsavo s'enorgueillit de ses 500 espèces d'oiseaux. Bon nombre d'entre eux vous épargneront la peine d'aller à leur recherche en venant vous rendre visite sur la longue terrasse du **Kilaguni Lodge;** ainsi, le calao à corne ne refusera pas de partager avec vous le sandwich que vous aurez acheté au bar! Le long de la route, regardez les autruches, telles des institutrices courant après un autobus, et les secrétaires (ou serpentaires) au plumage duveteux, perdus dans d'insondables rêveries.

Mombasa et la côte

Mombasa n'est pas la capitale du Kenya, mais elle n'en est pas moins fière pour autant. La ville possède un esprit indépendant qui la distingue du reste du pays. Son atmosphère exotique, conséquence de rapports immémoriaux avec l'Orient, lui est peu ou prou enviée par Nairobi. Son climat est peut-être moins agréable que celui des Highlands (hautes terres), mais le rythme plus lent de la vie donne à ses rues un petit air de fantaisie langoureuse.

L'origine de **Mombasa** se perd dans la nuit des temps. Certains historiens soutiennent qu'en l'an 500 av. J.-C., des marins phéniciens qui parcouraient le monde pour le compte de quelque pharaon créèrent un port dans l'île de Mombasa. Aux Ier et IIe siècles de notre ère, les Grecs décelèrent son potentiel commercial que les Arabes vinrent développer au IXe siècle.

Les *dhows* qui, poussés par la mousson du Nord-Est, traversaient l'océan Indien depuis le golfe Persique, longeaient le rivage oriental de l'Afrique, cherchant un passage leur permettant d'aborder sans s'écraser contre les dangereux récifs qui frangent

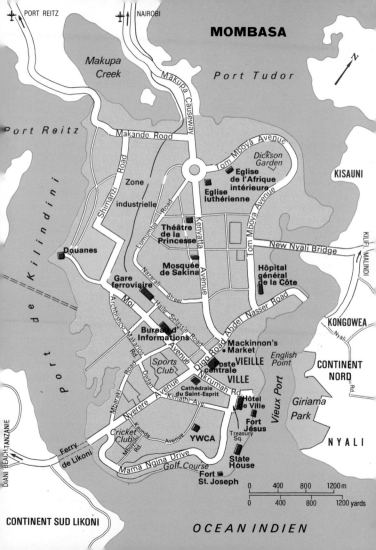

la côte. Le point d'accès le plus facile étant celui de Mombasa, la ville devint un pôle d'attraction pour les Arabes, les Persans, les Turcs, les Indiens, les Portugais et les Britanniques, qui y laissèrent successivement leur empreinte.

L'île, qui est reliée à la route de Nairobi par une digue, à la partie nord du continent par un pont et à la partie sud par une ligne de ferry, possède une architecture plus asiatique qu'africaine. La population, mélange souahéli d'Arabes aux traits fins et d'Africains élancés, exprime le mariage historique des deux races. Ce sont des gens très agréables...

Lorsque l'explorateur portugais Vasco de Gama débarqua à Mombasa en 1498, la population le reçut fraîchement, et il dut remonter la côte jusqu'à Malindi. Il fallut aux Portugais un siècle d'assauts répétés contre l'île fortifiée avant de pouvoir installer leur comptoir à l'abri des murailles en corail de Fort Jésus. Cent années d'attaques, de sièges et de mises à sac détruisirent complètement le Mombasa médiéval; la ville que l'on voit aujourd'hui date essentiellement du siècle dernier, les ruines de Fort Jésus exceptées.

Avant de commencer votre visite – dont Fort Jésus est le point de départ idéal sachez qu'il vaut mieux se livrer à ce genre d'activité tôt le matin ou en fin d'après-midi. Ne vous y aventurez pas sous le soleil de midi!

S'il est un monument que vous ne pouvez pas manquer, c'est bien l'**arche double** qui enjambe Moi Avenue. Composée de quatre énormes défenses d'éléphant en métal, elle symbolise la source de la richesse et des ennuis de Mombasa.

Situé à l'entrée sud du port de Mombasa, **Fort Jésus** jouissait d'une position stratégique. Du chemin de ronde, vous pourrez imaginer la façon dont cette redoute était défendue contre l'ennemi – musulmans, chrétiens ou «païens», selon l'occupant du moment. Les Portugais cédèrent, en effet, la place aux Arabes (1698), qui eux-mêmes l'abandonnèrent aux Britanniques (1895), lesquels transformèrent le fort en prison.

En raison de fondations en corail massif, il était impossible de saper ces murailles, et les attaquants qui tentaient de les escalader étaient précipités

Dans l'ancien port de Mombasa, les dhows sont toujours en activité.

en contrebas dans les douves qui, maintenant asséchées, font office de parc de stationnement.

La place forte que vous visitez aujourd'hui est pratiquement la même que celle que dessina, en 1593, l'architecte italien Giovanni Battista Cairato. Le fort comprenait alors une caserne, une chapelle, une citerne et un puits, des salles de garde, les logements du prêtre et du gouverneur, ainsi qu'une poudrière.

Les canons que vous verrez dans la cour sont des pièces de bord anglaises du XVIIIe et du début du XIXe siècles. Le musée mérite une brève visite:

Ce merveilleux temple témoigne de l'aisance de la communauté jaïna.

collection d'objets artisanaux fabriqués sur la côte, céramiques persanes, portugaises et chinoises (ces dernières furent importées de l'Inde).

Derrière le fort, sur Treasury Square, rendez-vous dans la **salle d'ivoire** (Ivory Room) du Government Game Department. Vous y admirerez des défenses d'éléphants, des cornes de rhinocéros, des dents d'hippopotames et autres trophées confisqués à des braconniers ou trouvés sur des animaux morts dans les réserves. Des ventes aux enchères y ont lieu deux fois par an, où vous pourrez acheter ces articles de contrebande munis d'autorisations délivrées par le gouvernement.

Pour conserver un peu d'énergie, limitez votre promenade à la **vieille ville** *(old town)*. C'est la partie la plus fascinante de Mombasa. Ce quartier, situé au nord de Fort Jésus, comprend des mosquées, des boutiques et éventaires de vendeurs de soieries, d'épices ou de parfums, des échoppes de joailliers, d'ivoiriers et de sculpteurs sur corne. L'ambiance est particulièrement animée au Mackinnon's Market, dont le nom colonial semble résister au nouveau titre officiel de Marché municipal.

Traversez rapidement le marché au poisson et gagnez le **vieux port** *(old port)*. Sur les quais, assistez au chargement et au déchargement des derniers *dhows* qui font encore la navette entre Mombasa et le golfe Persique. Ces embarcations à voiles latines, qu'assiste aujourd'hui un moteur, offraient naguère un spectacle familier. Elles arrivaient avec la mousson d'hiver en janvier et repartaient en juin avec celle d'été. Il n'en subsiste que quelques dizaines aujourd'hui...

LA CÔTE

Avec un peu de chance, et un sourire, vous pourrez peut-être vous faire admettre à bord pour marchander des coffres de cuivre jaune, de l'argenterie arabe, des carreaux de faïence, des tapis persans, des épices et des dattes. Les marchands seront heureux d'accepter votre argent, même s'ils préfèrent en général troquer leur marchandise contre de l'ivoire, des cornes, des peaux, du sucre, du café, de l'huile de palme et du bois d'œuvre.

De Mombasa, on gagne la **côte sud** – qui se prolonge jusqu'à Tanga, à la frontière tanzanienne – en empruntant le Likoni Ferry. Ce moyen de transport, qui n'a point de concurrent, relie Mombasa aux principales plages, au sud. Le bac (sans hâte inutile!) met dix minutes, environ, pour effectuer le trajet entre l'île et Likoni. Pittoresque garanti...

La beauté de la côte sud réside dans ses plages de sable corallien blanc, plus tranquilles que celles de la plupart des stations balnéaires de la côte nord. La plus belle est celle de **Diani,** dont le jalon principal, près du Trade Winds Hotel, est un baobab vieux de 500 ans – de plus de 20 mètres de circonférence – et protégé par décret présidentiel.

Pour changer des délices de la mer, gagnez la petite réserve de chasse des **Shimba Hills,** dans l'intérieur. C'est un agréable plateau boisé à 450 mètres d'altitude. Allez-y tôt le matin – ici, vous devriez tout entreprendre tôt le matin ou en fin d'après-midi – et vous apercevrez sans doute des hippotragues noirs aux cornes en forme de cimeterre. Les mâles de cette espèce rare au Kenya ont un magnifique pelage noir aux reflets roux, tandis que les femelles sont de couleur châtain. Les lions ne hantant pas la région, les antilopes ne courent ici aucun danger. Mais vous, veillez aux pythons!

C'est sur la **côte nord** que les élites asiatique, européenne et africaine de Mombasa se font construire des maisons – parfois de somptueuses résidences – enfouies dans les hibiscus et les bougainvillées. Les hôtels de luxe abondent dans cette région et les plages sont généralement propres.

De Mombasa, la route vers le sud, au-delà du pont à six pistes de New Nyali, conduit à English Point. Un monument y est dédié à J.L. Krapf, qui

Le charpentier façonne un dhow selon des méthodes ancestrales, avec les outils de sa corporation.

explora l'intérieur du Kenya pour le compte de la British Church Missionary Society.

La route de Malindi vous réserve deux sites de ruines arabes. Le premier est à JUMBA LA MTWANA (Demeure du propriétaire d'esclaves), à environ 3 km. au nord de Mombasa. La ville ayant été abandonnée au XVe siècle, il ne subsiste que des restes de mosquées, une tombe à colonnes typique et quelques maisons, dont l'une semble avoir été une boulangerie, à en juger par ses vestiges de fours.

Gedi, une ville du XVe siècle, proche de Malindi, est mieux préservée. Peut-être ressentirez-vous une certaine émotion en déambulant entre les murs du palais, entre les mosquées, les maisons, les tombes à colonnes et sur la place du marché. Il est probable que l'événement le plus dramatique de l'histoire (par ailleurs peu intéressante) de Gedi, fut sa destruction et son

abandon au début des années 1500, probablement à l'occasion de l'un des conflits qui opposèrent Mombasa à Malindi. Des guerriers somali s'y établirent brièvement à la fin du XVIᵉ siècle, mais quittèrent précipitamment le site à l'approche des farouches Gallas.

Le palais comporte une chambre forte où le trésor – constitué de coquillages, les *cauris*, qui servaient de monnaie – était entreposé (un dinar d'or valait 40 000 cauris).

Sur la plage, les noix de coco sont mûres; certains sourires, eux, touchent à l'irrésistible...

Une autre pièce du palais est protégée par une marmite *fingo* enfouie dans le seuil. La marmite renfermait un génie qui gardait les cauris...

Juste avant d'atteindre Gedi, vous traverserez le site enchanteur du **Parc marin de Watamu** (Watamu Marine National Park). Comme son voisin, le Parc marin de Malindi (Malindi Marine National Park), c'est une région protégée, agrémentée de plages de sable blanc et de lagons bleu foncé ; pêche et ramassage du corail et des coquillages y sont interdits. Mais vous pourrez admirer ces merveilles de la mer en pratiquant la plongée sous-marine. Si vous descendez dans un hôtel de Malindi, ne manquez pas de visiter ces parcs nationaux. L'eau y est pure comme du cristal, alors qu'autour de Malindi la mer est le plus souvent souillée par les alluvions de la rivière Sabaki.

Si vous avez besoin de repos, **Malindi** est sans doute l'endroit qui vous conviendra le mieux. Vous y trouverez des lits propres, une nourriture appétissante, des piscines et de l'ambre solaire. La pêche y est également excellente.

Il fut une époque où Malindi était plus animée. Sans perdre ses intérêts de vue, le cheik de Malindi décida de ne pas suivre l'exemple de Mombasa ; il reçut Vasco de Gama lors de son voyage, en 1498, et lui fournit de l'eau et des vivres pour son périple vers l'Inde. Ce fut le prélude à quelques années d'intenses échanges commerciaux avec les Portugais, au cours du XVIᵉ siècle. Lorsque la résistance de Mombasa fut brisée et que les Portugais y transférèrent le cheik de Malindi, la ville retomba dans la torpeur qui est toujours sienne aujourd'hui.

Si vous vous sentez d'attaque pour une promenade, allez voir le monument élevé en hommage à ce bref âge d'or sur le promontoire situé au sud du port de Malindi – le Padrão, ou Croix de Vasco de Gama, qui porte les armes du Portugal et fut offert au cheik en remerciement de son chaleureux accueil. Il a survécu aux ravages des Turcs, des Arabes et des Britanniques, et c'est l'un des seuls vestiges portugais authentiques subsistant sur la côte. Pour vous faire une idée de ce à quoi Malindi – ou Mombasa – ressemblait lorsque les Arabes étaient maîtres des lieux, allez sur l'**île de Lamu,** qui s'étire paisiblement au soleil, à l'extrémité nord de la côte. Elle possède une délicate atmosphère empreinte de culture souahélie. L'accès en est interdit à tous les véhicules à moteur. Les gens que vous rencontrerez arborent un sourire mystérieux, comme s'ils partageaient un secret que l'étranger ignorerait. Peut-être est-ce le cas...

On y pêche un peu et le bétail qu'on y élève est principalement destiné à Mombasa. Des sculpteurs sur bois vaquent à leurs occupations, des femmes déambulent dans les petites rues étroites, enveloppées de leur *baibui* noir. Les gens de Lamu ont le sens des priorités vitales. Ils prennent toujours le temps de discuter entre eux ou avec les étrangers et leur amitié n'est ni envahissante ni servile.

Les autochtones sont fiers de leur ville, où les visiteurs constituent toujours une petite minorité sans privilèges excessifs. Les touristes sont déposés sur l'île par de petits bacs partis de Manda, ville toute proche que l'on rallie par avion, la route de Mombasa étant défoncée et souvent inondée. Une fois sur place, vous vous accommoderez de chambres d'hôtel confortables, mais jamais luxueuses.

Où que vous soyez descendu, le centre des activités est le bar de **Petley's Inn,** sur le port. C'est une véritable institution où visiteurs et indigènes se retrouvent pour discuter de la pluie et du beau temps. Nulle part ailleurs au Kenya, Africains et Européens ne s'accordent aussi bien. Midi et 18 heures: deux «temps forts» à ne pas manquer au Petley's!

L'auberge porte le nom de son premier propriétaire, Percy Petley, dont on raconte qu'il n'hésitait pas à précipiter les clientes turbulentes au bas de l'escalier et qu'il tua un jour un léopard de ses mains nues. L'une des versions voulant qu'il ait étranglé l'animal et l'autre qu'il l'ait assommé d'un coup de poing, il est probable qu'il ne s'agit que d'une légende...

Les plus belles caractéristiques des maisons de Lamu sont leurs portes en bois sculpté et leurs moulures en stuc. Certaines datent du XVIIIe siècle, mais les plus modernes elles-mêmes respectent le style, les formes et le travail de traditions artisanales vieilles de plusieurs siècles. D'excellents exemples de ce type d'artisanat sont exposés au **musée de Lamu** (Lamu Museum), très bien organisé. On y voit des reconstitutions d'intérieurs typiques de la ville, au nombre desquels une chambre nuptiale traditionnelle. Mais l'orgueil du musée est sa magnifique paire de *sivas* (cornes de cérémonie). L'une, en ivoire sculpté, d'une envergure de 2 mètres, provient de l'île de Pate, tandis que l'autre, en cuivre, légèrement plus courte, est originaire de Lamu même.

Les «infidèles» peuvent visiter la belle **mosquée de Riadha** (Riadha Mosque), à condition d'être convenablement vêtus et de se déchausser. La massive forteresse du début du XIXe siècle est aujourd'hui la prison de la ville. Vous avez le droit de la regarder mais non de la photographier. Des enchères se déroulant le samedi au marché situé devant le bâtiment, vous pourrez toujours saisir ce prétexte pour prendre quelques clichés... à vos risques et périls.

Si vous voulez vous baigner, la plage de SHELA est à 3 kilomètres de là. Shela possède par ailleurs une mosquée (Friday Mosque) au minaret remarquable.

Lamu fait partie d'un archipel dont Manda et Pate, économiquement et politiquement plus importantes, se disputaient la suprématie, se désignant l'une l'autre aux convoitises étrangères. Ces deux îles déclinèrent tandis que Lamu, paisible et sans ambitions, survécut plutôt bien. La morale de cette histoire...

Les portes ouvragées qui font la fierté des habitants de Lamu suscitent l'admiration du touriste qui pourra en acquérir de fidèles copies.

Que faire

Les sports

Le Kenya est l'endroit rêvé pour passer des vacances au grand air, et les possibilités offertes au sportif paraissent inépuisables, en dépit de l'embargo sur la chasse. La **pêche** est encouragée et il n'existe pas de période de fermeture. La pêche hauturière et la pêche sportive sont de nouvelles activités qui attirent les amateurs au Kenya. En fait, ce pays est classé parmi les premiers au monde pour ce genre de pêche.

A toutes les brèches du récif côtier de corail – du Pemba Channel, près de la frontière tanzanienne, à Mombasa, à Kilifi, à Mtwapa et à Malindi –, vous trouverez des clubs de pêche et des agences de location de bateaux, dont la plupart sont représentés dans les principaux hôtels. Du petit hors-bord au yacht de luxe avec cabines, douche et cuisine, vous n'aurez que l'embarras du choix. Un choix limité toutefois par une gamme de tarifs aux variations considérables. Hôtels et clubs vous procureront les permis de pêche indispensables. Tous les bateaux sont équipés en personnel compétent et en matériel adéquat.

Si vous vous embarquez le matin, vous pouvez espérer prendre des barracudas, des poissons lunes, des thons, des pèlerins, des dauphins et des squales. Parmi ceux-ci: le redoutable requin mako, le requin tigre et le requin marteau. Le plus gros «monstre» jamais pêché dans les eaux kényennes fut un requin tigre de 672 livres. A vos lignes!

Pour la pêche aux gros poissons, novembre et décembre sont les meilleurs mois, encore qu'il n'existe pas de mauvaise saison à proprement parler. Pratiquement tous les clubs de pêche vous laissent emporter vos prises que vous pouvez tout aussi bien vendre pour vous défrayer de la location du bateau.

Les pêcheurs à la ligne s'installeront sur l'un des promontoires rocheux de la côte, tandis que les champions du lancer se rendront sur les récifs où l'eau arrive généralement à mi-cuisse. La pêche sous-marine au harpon est intéressante... et fructueuse surtout pour le mérou.

En eau douce, vous attraperez des truites arc-en-ciel ou noires. Allez explorer les régions du mont Kenya, de l'Aberdare et de l'Elgon. Aux abords du mont Kenya, les rivières Naro Moru, à l'ouest, et Rupengazi, à l'est, sont particulièrement poissonneuses. Vous pourrez, ici aussi, louer un équipement et acquérir l'indispensable permis. Contenu autorisé de votre bourriche: six truites arc-en-ciel et quatre truites noires par jour.

L'une des grandes pêches pratiquées sur le lac Turkana, au nord du pays, est celle de la perche du Nil... qui peut peser jusqu'à 180 livres. Vous pourrez vous procurer du matériel au Lake Rudolf Angling Club et à Eliye Springs. La perche vit en abondance dans le lac Victoria. Celui de Naivasha est réputé pour ses perches noires et ses tilapias, particuliers à la région.

Si vous préférez laisser le poisson tranquille, passez en revue les **sports nautiques** suivants: la baignade, délicieuse dans les eaux tièdes de la côte qui, contrairement à celles des rivières et des lacs de l'intérieur, sont dépourvues d'amibes et de crocodiles. Les requins, eux, restent au large des récifs de corail. Pour explorer ces derniers, vous pourrez louer une combinaison de **plongée** (avec ou sans appareil respiratoire). Observez la vie

Montez sur un dhow *et faites voile autour de l'île de Lamu... Vous vous en souviendrez toute votre vie.*

marine depuis un bateau à fond de verre loué par les hôtels.

Même sans être un bon nageur, vous gagnerez en toute sécurité la barrière corallienne à bord d'une des barques à fond plat menées par des jeunes gens du coin. S'il est à **92** présent interdit de ramasser des coquillages, vous découvrirez la faune qui hante l'endroit. N'oubliez pas de vous munir de chaussures à semelles de caoutchouc pour vous protéger contre le corail, tranchant comme un rasoir. A moins que vous ne préfériez le **ski nautique,** praticable en plusieurs points de la côte, ou le **surf** à Malindi.

Bien que l'on puisse louer des voiliers miniature sur la côte, c'est sur les eaux tranquilles des lacs de l'intérieur

(Naivasha: Nairobi Dam; et Victoria: Kisumu) que l'on hisse volontiers la **voile.** Ceux qui aiment l'aventure feront du **canoë** sur la rivière Tana.

Héritage britannique, l'**équitation** est surtout pratiquée dans les Highlands. Dans les Ngong Hills (où la baronne danoise Karen Blixen, auteur de *Ma Ferme africaine,* vécut dans les années 20), les sentiers cavaliers sont superbes. Pour louer une monture, adressez-vous de préférence au Karen

dukas (centre commercial).

Les **courses de chevaux,** qui se déroulent de septembre à juillet sont superbes. L'élevage des pur-sang est une affaire florissante ici! Les rencontres ont lieu toutes les semaines, généralement le dimanche après-midi, au Jockey Club of Kenya, à Nairobi.

Au cas où l'**alpinisme** serait votre violon d'Ingres, prenez la direction du mont Kenya. Vous n'y serez pas tout seul. Les trois pics du mont Kenya attirent un bon millier de grimpeurs chaque année! Le sommet le moins élevé, le Lenana, est en pente douce et son escalade est à la portée de toute personne en bonne forme physique qui ne souffre pas du vertige et que l'atmosphère raréfiée des 5000 mètres n'effraie pas. Si le Lenana est de catégorie II, le Nelion et le Batian, de catégorie V et VI, ne peuvent être gravis sans l'assistance de professionnels. Récompenses de vos efforts, là-haut, la neige (sous l'équateur) et une vue étonnante.

Les ascensions sont organisées par le Mountain Club of Kenya de Nairobi; deux équipes de secours, formées en Autriche, sont sur place à longueur d'année. Les alpinistes partent du Naro Moru River Lodge, qui loue porteurs et **93**

matériel. Il faut compter deux jours pour le Lenana et trois pour les pics Batian et Nelion. Un itinéraire plus long groupe les trois sommets.

Les amateurs de **tennis** et de **golf** ne s'ennuieront pas. Courts et greens ont été installés dans les Highlands. Il ne faut pas craindre la chaleur, ni être cardiaque pour faire du tennis sur la côte. Les clubs de golf de Nairobi, de Limuru et de Karen acceptent tous trois des visiteurs. Certains d'entre eux ont de curieuses règles de pénalité ou de compensation pour les cas où une balle est aidée d'un coup de pied ou... avalée par une bête sauvage.

La photographie

Avec son abondance d'animaux et d'oiseaux, ses paysages magnifiques, ses fleurs exotiques et un ensoleillement régulier, le Kenya est le paradis des photographes.

Les safaris-photos sont empreints de cette ampleur fastueuse qui caractérisait autrefois les safaris-chasse. Vous visiterez réserves et parcs nationaux dans de confortables jeeps et descendrez dans

Il n'y a pas grand effort à faire pour admirer les fleurs exotiques.

de luxueux campements où un personnel pléthorique vous servira du champagne frappé et des mets de choix. Dans la journée, des guides armés vous protègeront tandis que vous vous approcherez des lions et des éléphants pour les photographier. Loin des sentiers battus et du reste des touristes, vous découvrirez une Afrique plus proche de la terre de rêve décrite par Hemingway.

Cela dit, vous prendrez néanmoins d'excellentes photographies dans les excursions de groupes, effectuées soit en jeep, soit en minibus conduits par des *rangers*. Le toit du minibus s'ouvrira pour vous permettre de prendre de meilleurs clichés, et vous verrez les animaux de si près que vous pourrez souvent vous passer de téléobjectif.

L'inconvénient de ces excursions de groupes, c'est que dès qu'un véhicule découvre une bande de lions somnolant au soleil après un bon repas, la suite de la caravane ne tarde pas à le rejoindre, encerclant les pauvres bêtes. Aussi, lorsque le terrain le permet, demandez à vous éloigner des lions une fois que vous les aurez découverts et photographiez-les de loin en utilisant votre «télé».

Dans certaines réserves, des panneaux interdisent de photographier les Masaïs ou d'autres indigènes. Certains d'entre eux considèrent, en effet, qu'être pris en photo est une atteinte à leur vie privée. Mais cette interdiction vise aussi à empêcher tout marchandage de la part des aborigènes qui, parfois, exigent un «cachet» pour poser. Non sans raison... Il arrive que des autochtones arrêtent votre véhicule et vous proposent de danser pour vous au bord de la route moyennant finance – ce n'est pas précisément du cinéma-vérité, mais c'est pittoresque.

Le camping

Si le camping de grande classe des safaris-photos de luxe est au-dessus de vos moyens, rendez-vous dans l'un des sites agréables spécialement réservés à ceux qui désirent camper à la dure dans les parcs. On en recense plus de 200 au Kenya, tous officiellement reconnus et peu coûteux. Quelques-uns proposent même la location de caravanes ou de huttes et comportent une installation centrale groupant douches, cuisines, etc. Renseignez-vous bien quant à l'emplacement de ces camps, car la plupart d'entre eux sont difficiles à trouver.

Un gardien, généralement armé, est attaché à la surveillance de la plupart des camps. Mais il ne tirera sur un animal qu'à la dernière extrémité. En fait, à moins que vous ne les provoquiez, vous n'avez rien à craindre des animaux sauvages; ils ont plus peur que vous. Cela n'empêchera pas un babouin ou un singe vert de s'inviter à votre table si vous laissez des victuailles sans surveillance.

Les achats

La difficulté, lorsque vous achetez des souvenirs au Kenya, est de faire la différence entre les objets d'art authentiques et la camelote produite en masse. La première règle consiste à éviter toutes les boutiques offrant des «curios». Ces objets sont peut-être sculptés à la main, comme cela est annoncé, mais à la chaîne et sans la technique soigneuse qui caractérise le travail artisanal. Les authentiques objets d'art africains traditionnels sont de plus en plus rares. Le mieux dans le genre, ce sont encore les sculptures sur bois de

Attention aux articles de série dans votre chasse aux mille souvenirs.

Lamu et les copies d'objets anciens en plâtre. Si celles-ci vous semblent trop onéreuses, achetez une serrure ou un cadenas de cuivre fabriqués par les forgerons de l'île.

Au cas où vous préféreriez des objets sculptés modernes, vous trouverez des éléphants, des lions et des girafes en bois ou en stéatite très réalistes. C'est à Nairobi que le choix est le plus grand. Le long de la route, pourquoi ne pas acheter une lance ou un bouclier samburu ou masaï. Les passionnés du *mbao* (voir p. 64) auront le choix entre différentes versions de ce jeu typique, à Nairobi.

Mombasa propose des antiquités – objets arabes en cuivre, plateaux et coffres «zanzibar». Les prix sont généralement assez élevés. Quant aux peaux d'animaux, il est rigoureusement interdit d'en acheter sans un permis du gouvernement, permis qu'il vous sera impossible d'obtenir.

En ville, des coopératives vendent des objets fabriqués par des artisans disséminés dans les campagnes. Vous

Les danses authentiques sont rares mais tellement fascinantes...

pourrez aussi acheter des souvenirs dans des magasins spécialisés dans la vente d'objets fabriqués par des prisonniers.

Enfin, vous vous rappellerez votre séjour au Kenya en rapportant une tenue de safari, une robe ou un *kanga* de coton léger ou de soie indienne que l'on vous coupera sur mesure en 24 heures.

Les divertissements

Le pays en soi procure un dépaysement suffisant pour que ne se fasse guère sentir l'envie de divertissements à l'européenne. Mais si la nostalgie des discothèques et des boîtes de nuit vous envahit, Nairobi et Mombasa satisferont vos besoins dans ce domaine.

Sur la côte, les hôtels proposent des spectacles «disco» ainsi que des programmes de **danses indigènes,** encore que ces dernières n'aient que peu de rapports avec les véritables danses africaines traditionnelles.

Des spectacles plus authentiques ont lieu aux Bomas of Kenya, près du Parc national de Nairobi. Ici, vous assisterez à des danses guerrières samburu, à des acrobaties kamba, à une danse nuptiale giriama et à une version légèrement **99** expurgée d'une cérémonie de circoncision kikuyu (que l'on pratique toujours, alors que l'excision a été heureusement abolie).

Le Casino international de Nairobi accueille les joueurs: roulette, baccara, chemin-de-fer. Si vous avez tout perdu, allez vous consoler en regardant un spectacle des Bluebell Girls! Des divertissements plus «sérieux» vous attendent dans la capitale ou parfois même ailleurs, là où divers clubs et groupes dispensent leurs spectacles. Mais la vie nocturne telle que nous la concevons en Europe n'est guère en vogue au Kenya.

La table

En fait de vins, buvez plutôt de la bière brassée sur place. Elle est excellente: on vous la servira *cool* (fraîche) ou... *warm* (bien tiède), respectant vos désirs, comme aux temps coloniaux. Les vins rouges importés «chambrés» sont inévitablement surchauffés, compte tenu de la température ambiante, et les vins blancs sont si bien frappés qu'on ne les reconnaît plus. Quant au champagne, il risque d'être éventé. A l'hôtel et au restaurant, vins et alcools forts sont très chers. Dans le commerce, le vin est

toujours coûteux, les liqueurs restant assez abordables. Sur la côte, vous aurez peut-être envie de goûter au vin de palme. Evitez cependant de satisfaire ce caprice en plein midi!

La table, au Kenya, doit beaucoup – trop sans doute – au passé colonial. La plupart des hôtels et des restaurants n'offrent qu'une copie conforme et peu imaginative de la cuisine anglaise.

La grande et heureuse exception, ce sont les fruits de mer et les poissons, servis sur la côte: les grosses langoustes savoureuses et les délectables crevettes grises ou roses sont extraordinairement bon mar-

ché. L'espadon et le poisson lune y sont également excellents. Si vous les commandez seulement grillés et accompagnés tout au plus d'une sauce au beurre, vous dégusterez un des mets les plus délicats auxquels on puisse goûter au Kenya.

Les fromages et les desserts complètent honorablement tout repas. Les mangues et les ananas sont particulièrement délicieux; quant aux bananes, le palais européen leur trouvera un goût curieux. – Dans les réserves de chasse, vous apprécierez le petit déjeuner anglais que l'on vous servira au retour d'une excursion matinale.

Nairobi et Mombasa possèdent quelques bons restaurants indiens et chinois; dans les hôtels et les *lodges,* on sert une cuisine indienne nettement plus savoureuse que la cuisine britannique.

S'il semble, au premier abord, difficile aux étrangers de se faire aux mets africains, les plus intrépides voudront peut-être goûter au *sukuma wiki na nyama*, des épinards à la viande; au *kuku wakupaka,*

Ici, les spécialités de poisson ne doivent rien à la cuisine anglaise. **101** un poulet aux épices de Lamu; ou à l'inévitable *irio* kikuyu, un mélange de purée de pois chiches, de maïs, de citrouille et de pommes de terre, que l'on mange accompagné de viande ou de poisson.

Vous découvrirez que le service est chaleureux, plein de bonne volonté, parfois même un peu trop zélé. Les garçons, qui ont pour instruction de débarrasser votre table de tout couvert inutilisé, ont tendance à vous chiper les vôtres avant que vous n'ayez fini de vous en servir. Le service de buffet, préféré par la plupart des hôtels pour l'un des repas au moins, vous propose les portions les plus généreuses que vous puissiez souhaiter. Pour manger bien et à bon compte, au Kenya, choisissez les buffets et les spécialités de la mer.

Pour passer votre commande...

Bonsoir, j'aimerais une table pour trois personnes.
J'aimerais un/une/du/des...

Habari za jioni. Napenda kupata meza, ya watu watatu.
Nitapenda...

apéritif	**kinywaji kabla ya chakula**	lait	**maziwa**
		légumes	**mboga**
		pain	**mkate**
beurre	**siagi**	poisson	**samaki**
bière	**bia (pombe)**	pommes	**mbatata**
café	**kahawa**	de terre	
citron	**ndimu**	riz	**wali**
dessert	**chakula mwisho**	salade	**saladi**
eau (glacée)	**maji (baridi)**	sel	**chumvi**
eau minérale	**maji safi ya kunywa**	soupe	**supu**
		sucre	**sukari**
fromage	**jibini**	thé	**chai**
fruit	**matunda**	viande	**nyama**
glace	**aiskrimu**	vin	**divai (mvinyo)**

BERLITZ-INFO

Comment y aller

Vols réguliers

Au départ de la Belgique. Vous avez trois services hebdomadaires à destination de Nairobi avec escale (sans changement) à Entebbe ou Kigali. Durée 10 h. 40.

Au départ du Canada. A défaut de service direct, le mieux est de passer par Amsterdam, Londres (liaisons plus fréquentes), Paris (voir ci-dessous) ou Zurich.

Au départ de la France. Diverses possibilités s'offrent à vous. Paris est relié 7 fois par semaine avec Nairobi (en 8 h. environ). Un des vols fait escale à Marseille, un second à Zurich, les autres sont directs. Depuis Marseille, un service hebdomadaire est assuré en 7 h. 30. La correspondance pour Mombasa est assurée depuis Nairobi.

Au départ de la Suisse. Il y a trois vols directs hebdomadaires depuis Genève. Un vol par semaine depuis Zurich avec escale à Mombasa.

Tarifs spéciaux. *De l'Europe:* il existe un tarif excursion, valable de 14 jours à 3 mois; de la Belgique et de la Suisse, un tarif PEX, valable de 14 à 75 jours, et de la France, un tarif vacances (PEX) valable de 6 jours à un mois. *Au départ du Canada:* un tarif excursion vous est également proposé, valable de 13 jours à 3 mois, vous permettant par ailleurs de vous arrêter par deux fois à l'aller comme au retour, si le voyage est effectué *via* l'Europe, ainsi qu'un tarif APEX, valable de 13 jours à 3 mois et pour lequel une réservation au moins un mois avant le départ est nécessaire. Egalement un tarif spécial pour les moins de 24 ans (à réserver au plus tôt 5 jours avant le départ). Ajoutons que, quel que soit votre pays de départ, les enfants de 2 à 11 ans bénéficient d'une réduction de 50% sur les tarifs excursion et vacances, et de 33% sur les APEX.

Des charters aux voyages organisés

Il existe des charters entre Bâle/Mulhouse et Mombasa (3 vols hebdomadaires), et entre Zurich, Nairobi et Mombasa (1–2 vols hebd.). Toutefois, il convient de remarquer que votre agent de voyages pourra dans certains cas vous obtenir, à un «prix charter», une place sur un vol régulier. Vous avez donc tout intérêt à vous renseigner!

Vous partez du Canada? Il existe une formule charter-voyage organisé, proposant un voyage de 15 jours au Kenya (dont 9 jours de safari). Cette formule, c'est l'OTC (One-Stop Inclusive Tour): le forfait englobe également les transferts, l'hébergement en hôtel de luxe et les services d'un guide.

L'offre en matière de forfaits avec voyage en avion de ligne est très variée. Très avantageuse, la formule peut intéresser même les individualistes, mais le «sur mesures» est évidemment plus cher que le «collectif». L'*inclusive tour* comprend le transport, l'hébergement, diverses excursions. Vous pouvez combiner safari-photo et séjour balnéaire.

Quand y aller

Situé sur l'équateur, le Kenya jouit d'un climat assez égal, et dans l'ensemble agréable et sain, moins chaud, peut-être, que vous ne le pensez. Les mois de mai, juin, juillet et août sont même doux (surtout dans l'intérieur). La saison «chaude» couvre le reste de l'année. Les journées sont généralement ensoleillées (novembre, mars, avril et mai connaissent toutefois de copieuses averses). Et les nuits sont agréablement fraîches. Bien entendu, le climat est directement influencé par la situation – à l'intérieur, il fait moins chaud et, surtout, il pleut bien moins que sur la côte – et par l'altitude. C'est ainsi que Nairobi jouit d'un climat plaisant d'un bout à l'autre de l'année. Comme vous le constatez, voyager au Kenya est agréable en toute saison pratiquement.

Le tableau ci-dessous consigne des températures moyennes, exprimées en degrés Celsius, ainsi que la hauteur moyenne des pluies, exprimée en centimètres. Ajoutons que la température de l'eau de mer se tient toute l'année entre 23 et 26 °C.

Nairobi

	J	F	M	A	M	J	J	A	S	O	N	D
max.	26	27	27	26	24	23	23	23	26	26	25	25
min.	13	13	14	15	15	13	12	12	13	14	14	14
pluies		7,5	12,5	20	15	5	2,5	2,5	2,5	5	10	7,5

Mombasa

	J	F	M	A	M	J	J	A	S	O	N	D
max.	32	32	32	31	29	29	28	28	29	30	31	31
min.	23	24	24	24	22	22	21	21	21	22	23	23
pluies	2,5	2,5	7,5	20	32	12,5	10	7,5	7,5	7,5	10	5

Pour équilibrer votre budget...

Nous vous donnons ci-dessous quelques exemples de prix moyens exprimés en dollars américains ($). Les effets de l'inflation se faisant ici aussi sentir, cette liste n'a qu'une valeur indicative.

Aéroport. Taxe d'embarquement $20 (ou l'équivalent dans une monnaie forte).

Avions-taxis. Pour 5 passagers, $2 par *mile*. Pour 7 passagers (ou 8 sans bagage) $2.70 par *mile*.

Camping. Dans les parcs nationaux et dans les réserves $13 par personne et par nuit (idem à Masaï Mara), plus $22 de frais de réservation par site.

Cigarettes (par paquet de 20). Marques locales $0.60–1.00; marques étrangères fabriquées sur place, $1.30–1.50; marques importées, $2.10–2.40.

Coiffeurs. *Messieurs:* coupe $8–10, coupe et brushing, $10–13. *Dames:* coupe $10–17, shampooing et mise en plis, $8–14, brushing $3–5, permanente $54–65.

Garde d'enfants. $4–8 par jour, plus le transport.

Hôtels. *Catégorie de luxe:* chambre double $110–122, chambre à un lit $89–96; *1re classe:* chambre double $60; *2e classe:* chambre double, $29–40, chambre à un lit $18–26.

Location de voitures (Nairobi) *Daihatsu Charade* (4 places) $30 par jour, $0.20 par kilomètre, $360 par semaine avec kilométrage illimité. *Isuzu Trooper* (4 roues motrices, 5 places) $69 par jour, $0.50 le kilomètre, $1500–1800 par semaine avec kilométrage illimité. L'assurance obligatoire est comprise dans ces prix.

Repas (dans un restaurant de catégorie moyenne). Petit déjeuner $1.50–3.50, déjeuner $2.50–5, dîner $5–10.

Trains (de Nairobi). A *Mombasa:* compartiment privé 1re classe pour 2 personnes $36 par personne ($36 pour une seule personne), 2e classe $8. A *Kisumu:* 1re classe $26 par personne, 2e classe $6.50. Pour un aller-retour, le prix double.

Vols locaux réguliers (de Nairobi). A *Mara:* aller simple $85, aller-retour $150. A *Amboseli:* aller simple $68, aller-retour $120. A *Samburu:* aller simple $100, aller-retour $184. A *Lamu:* aller simple $131, aller-retour $250.

Informations pratiques classées de A à Z pour un voyage agréable

L'étoile accolée au titre d'une rubrique renvoie à la page 106 pour une indication de prix.

Avec quelques notions d'anglais, vous vous débrouillerez toujours au Kenya. En revanche, rares sont les touristes possédant quelques rudiments de souahéli. Aussi avons-nous jugé utile, dans certains cas, de vous donner une traduction de titres de rubriques et un certain nombre d'expressions clefs en souahéli. Elles vous rendront service lorsque vous solliciterez de l'aide.

AEROPORTS*. Le Kenya possède deux des aéroports internationaux les plus grands et les plus modernes d'Afrique. Le Jomo Kenyatta International Airport est à une demi-heure de voiture du centre de Nairobi, où se regroupent la plupart des meilleurs hôtels. Le Moi International Airport de Mombasa, sur la côte, est plus près du centre, mais les hôtels sont éparpillés.

Dans ces deux aéroports, des tapis roulants amènent vos bagages à proximité des douaniers. Une équipe de porteurs transporte gratuitement vos sacs les plus lourds jusqu'à la zone de douane proprement dite. Une autre équipe les portera jusqu'aux stations de taxis et aux arrêts de bus pour un modeste pourboire.

Les deux aéroports disposent de toutes les facilités que peut exiger le voyageur moderne: banques, agences de location de voitures, réservation hôtelière, boutiques hors taxes ou non, kiosques proposant la presse internationale, etc.

La plupart des hôtels touristiques envoient leurs propres minibus attendre leurs hôtes à l'aéroport. Les compagnies aériennes, quant à elles, desservent des terminaux dans le centre-ville. A Nairobi, les autobus des Kenya Airways partent toutes les heures (à l'heure juste) vers un terminal situé dans le centre et s'arrêtent en chemin à tous les principaux hôtels. Ils font en outre le tour de tous les hôtels de la ville. Les deux aéroports, Jomo Kenyatta et Moi, sont desservis par un service de bus publics. Quant aux taxis, ils ne manquent pas.

C'est aussi toutes les heures (à l'heure juste), que les bus des Kenya Airways quittent les terminaux situés au cœur des deux grandes villes du pays (Sadler House, Koinange Street, à Nairobi; Jubilee Building, Moi Avenue, à Mombasa).

Les passagers en partance sont tenus d'acquitter une taxe d'aéroport.

A **AMBASSADES, CONSULATS, LEGATIONS.** Le Kenya entretient des rapports diplomatiques avec plus de 80 pays.

Belgique: ambassade: Silopark House, Mama Ngima Street, P.O. Box 30461, Nairobi, tél. 20501 ou 25143

consulat: Mitchell Cotts Building, Moi Avenue (ex-Kilindi Road), P.O. Box 90141, Mombasa, tél. 311030

Canada: High Commission: Comcraft House, Haile Selassie Avenue, P.O. Box 30481, Nairobi, tél. 334033/35

France: ambassade: Embassy House, Harambee Avenue, P.O. Box 41784, Nairobi, tél. 339783/4 ou 339973/7

Suisse: ambassade: International House, Mama Ngina Street, P.O. Box 30752, Nairobi, tél. 28735/6

AUTO-STOP. Ce n'est pas encore un moyen de transport très pratique au Kenya, sauf sur la route Nairobi–Mombasa. Et puis, l'auto-stop inspire une certaine méfiance. Attendez-vous à devoir payer pour la course. Cela demeure toutefois, une méthode efficace pour rencontrer des gens du pays.

Pouvez-vous m'emmener jusqu'à...?	**Unaweza kunichukua garini kwenda...?**
Jusqu'où?	**Wapi?**

AVIONS-TAXIS★. Au Kenya, louer un avion n'est pas encore un privilège de milliardaire... heureusement, car les distances sont énormes et les routes épuisantes. Quelques heures de vol pour gagner le lac Turkana au lieu de quelques jours de route, c'est plus qu'un simple gain de temps. Mais la crise du pétrole influe de plus en plus sur la bonne marche de ce mode de transport.

Les Kenya Airways assurent des liaisons régulières avec la ville de Mombasa ainsi qu'avec celle de Malindi. En outre, de nombreuses compagnies d'avions-taxis opérant à partir de l'aéroport Wilson de Nairobi font de celui-ci l'un des plus fréquentés d'Afrique: Cessna, Piper et Beechcraft décollent et atterrissent toutes les deux minutes aux heures de pointe, desservant les 200 et quelques aérodromes éparpillés sur le territoire kényen. La plupart des hôtels et des *lodges* situés hors des centres urbains possèdent une piste d'atterrissage.

Air Kenya (voir ci-dessous) relie régulièrement Nairobi à Lamu, Masaï Mara et Amboseli.

Parmi les grandes compagnies d'avions-taxis basées à l'aéroport Wilson, citons: Boskovic Air Charters et Safari Air Services.

Adresses:

Boskovic Air Charters: P.O. Box 45646, Nairobi, tél. 501210/9
Safari air Services Ltd., P.O. Box 41951, Nairobi, tél. 501211
Air Kenya: P.O. Box 30357, Nairobi, tél. 501601/2/3/4 ou 501421/23
            P.O. Box 84700, Mombasa, tél. 43 39 82

BLANCHISSERIE et NETTOYAGE A SEC *(dobi mfua nguo; dobi wa nguo za sufu)*. A l'hôtel, vous pourrez faire laver votre linge dans les vingt-quatre heures en insistant un peu. Si vous êtes dans le centre de Nairobi, vous aurez peut-être envie de confier votre linge à une teinturerie à service rapide. Faites-vous indiquer la plus proche d'entre elles à la réception de votre hôtel (les prix pratiqués par celui-ci risquent d'être assez élevés).

Je voudrais faire nettoyer/repasser/laver ces vêtements.	**Nataka nguo hizi zisafishwe/zipigwe pasi/zioshwe.**
Il me les faut... aujourd'hui/ce soir/demain	**Nazitaka...** **leo/usiku/kesho**

CAMPING★. Camper est un mode de vie sous le chaud soleil kényen et c'est, pour certains, la meilleure façon de découvrir le Kenya véritable. Où que vous choisissiez de planter votre tente, les paysages seront magnifiques et, dans certains endroits, la faune sera très variée. Il existe un terrain de camping bien équipé au sein même du Nairobi City Park. Vous pouvez faire vos réservations sur place ou à l'hôtel de ville.

Pour les organisateurs d'excursions, le camping est devenu une ressource florissante. Les visiteurs les plus aisés qui pourront s'offrir le luxe d'un vaste ciel kényen et d'une brousse *(bundu)* interminable vivront dans un campement confortable où on leur servira du champagne au petit déjeuner! Mais, pour les touristes – et les Kényens – épris d'aventure, camper dans la brousse sauvage du Kenya est un moyen économique et agréable de passer des vacances inoubliables.

Au Kenya, il existe plus de 200 campements officiels, dont les tarifs varient mais restent raisonnables. Quelques-uns sont équipés de carava-

C nes, de cases permanentes et d'un bâtiment central où l'on peut cuisiner, prendre une douche, trouver de l'eau potable, etc. La plupart d'entre eux étant difficiles à dénicher, il vous faudra une description assez précise pour les localiser.

Mettez-vous en quête d'un campement longtemps avant le crépuscule, car en Afrique tropicale, il peut faire nuit noire une demi-heure à peine après le coucher du soleil. Choisissez un emplacement plat, couvert d'herbe rase et à l'abri du soleil; mais méfiez-vous de l'arbre sous lequel vous vous installez: les variétés épineuses dispensent beaucoup d'ombre; les léopards et les serpents n'y grimpent pas, mais le sol à leur pied est généralement recouvert d'un épais tapis d'aiguilles; d'autres arbres exsudent de la sève; quant à ceux qui regorgent de nids, ils annoncent des fientes abondantes.

Dans les zones chaudes et de faible altitude, la température à l'intérieur de la tente peut devenir insupportable; c'est pourquoi il faut vous assurer que les trous d'aération de votre guitoune soient face au vent dominant.

Ne campez pas dans, ou à proximité d'un lit de rivière asséché – une averse tropicale à des kilomètres de là peut faire déferler sur vous des torrents d'eau.

Evitez de camper sur, ou à proximité d'une piste d'animal. Vous pourriez susciter la curiosité des bêtes et même en retrouver empêtrées dans les cordons de votre tente.

Vous n'êtes jamais à l'abri d'un incendie de brousse provoqué par un feu de camp. Apprenez à construire des foyers «sûrs», entourés de pierres, et n'alimentez jamais trop les flammes.

Matériel de camping: si vous pensez passer toutes vos vacances sous la tente, emportez autant de matériel que possible. Sachez toutefois qu'à Nairobi, celui-ci est proposé à des prix très intéressants.

Munissez-vous en particulier: d'une tente (avec un tapis de sol incorporé et une moustiquaire), de lits de camp (les matelas pneumatiques ne résistent pas aux épines), de sacs de couchage, d'une table et de chaises pliantes, de casseroles et de marmites achetées sur place (les ustensiles kényens sont très légers et peuvent être posés directement sur le feu), de récipients étanches en plastique pour le pain, le sucre, le sel, etc., d'une hache et d'une machette, d'une large cuvette de métal *(karai)* pour faire chauffer de l'eau, se laver, ou protéger le feu lorsqu'il pleut, d'un réchaud et de gaz en réserve, d'une torche électrique, d'une pelle pliante, de lampes à gaz, de glacières, de beaucoup d'eau potable, de nourriture (dont il faudra calculer soigneusement la quantité selon la partie du pays vers laquelle vous vous dirigez) et enfin de vêtements de safari appropriés.

CARTES ROUTIERES et PLANS. La plupart des kiosques des hôtels vendent des plans illustrés du centre des villes ainsi que des cartes des réserves de chasse, campements, routes, etc. Les Offices du Tourisme, de leur côté, distribuent plans et cartes. A Nairobi et à Mombasa, on peut obtenir des cartes d'état-major, précises mais complexes, auprès des Land's Offices.

CIGARETTES, CIGARES, TABAC *(sigara, sigaa, tumbaku)*. Sachez que les cigarettes européennes et américaines importées sont vendues dans toutes les grandes villes, encore qu'elles y soient plus chères que dans votre pays. Les cigarettes étrangères manufacturées sur place sont tout de même plus avantageuses. Quant aux marques locales, encore moins coûteuses, elles sont de très bonne qualité. Les amateurs de cigares, eux, feront bien d'amener leur marque préférée.

Un paquet de.../Une boîte d'allumettes, s'il vous plaît.	**Pakiti ya.../Kibiriti, tafadhali.**

CLIMAT et HABILLEMENT. Voir aussi p. 104. La température à Nairobi et dans l'ensemble des Highlands n'est jamais excessive, à cause de l'altitude. N'oubliez pas toutefois que Nairobi est à une centaine de kilomètres de l'équateur et que le soleil peut y cogner dur. Mieux vaut donc porter un chapeau. Les soirées pourtant sont fraîches et parfois mêmes froides. Aussi des vêtements chauds s'avèrent-ils nécessaires après le crépuscule, surtout pendant un safari.

Sur la côte, des vêtements de plage suffisent pendant la journée. Pour aller au restaurant, en promenade ou faire des achats, passez une robe ou une chemise de coton. Sachez, par ailleurs, que le nudisme est interdit sur les plages et dans tous les lieux publics.

CONDUIRE AU KENYA. Tout ce dont vous avez besoin pour conduire une voiture de location au Kenya est un permis de conduire international valide. Mais n'oubliez pas que c'est le pays du célèbre Safari Rally qui pousse aux limites de l'endurance les hommes et la mécanique. Bien que les routes soient en constante et relativement rapide amélioration, vous préférerez peut-être laisser le volant aux chauffeurs expérimentés des agences d'excursions. Les véhicules privés devront s'acquitter d'un modeste péage sur la route principale reliant Mombasa à l'Ouganda.

Il est peu probable que vous fassiez venir votre propre voiture au Kenya, mais si vous en avez l'intention, renseignez-vous sur la durée **111**

C pendant laquelle vous pouvez l'utiliser sans avoir à payer de taxe d'importation. Faites-lui passer la douane dès son arrivée, sans quoi vous devriez vous acquitter de lourds frais d'entreposage. Pour faire entrer votre voiture au Kenya, il vous faudra:

- un permis de conduire international
- une carte grise (permis de circulation du véhicule)
- une attestation d'assurance internationale
- un indicatif de nationalité

Règles de conduite: héritage du passé britannique, les automobilistes kényens roulent à gauche et dépassent à droite. La plupart des véhicules ont le volant à droite. Les routes étant généralement étroites, ne dépassez jamais avant d'être sûr d'avoir une visibilité excellente.

Conduite dans les parcs nationaux: la vitesse y est limitée à 50 km/h., ou même 30 km/h., afin de ne pas effrayer les animaux sauvages. Pour cette même raison, évitez de faire trop de bruit ou des mouvements brusques en conduisant ou en prenant des photos. N'essayez pas de chasser les animaux de votre chemin; profitez plutôt de l'occasion qui vous est offerte de les observer et attendez qu'ils se décident à partir d'eux-mêmes.

Distances entre quelques grandes villes (en kilomètres):

Nairobi–Eldoret	310	Mombasa–Eldoret	800
Nairobi–Kisumu	350	Mombasa–Kisumu	845
Nairobi–Malindi	615	Mombasa–Malindi	120
Nairobi–Marsabit	560	Mombasa–Marsabit	1110
Nairobi–Mombasa	490	Mombasa–Moyale	1380
Nairobi–Nanyuki	200	Mombasa–Nakuru	650
Nairobi–Nyeri	160	Mombasa–Namanga	605

Infractions au code de la route: pour une infraction mineure, la police vous infligera une amende sur-le-champ et vous demandera de signer le procès-verbal. Envoyez votre chèque par lettre recommandée à l'adresse du tribunal indiquée sur la contravention. Vous pouvez gagner beaucoup de temps en suivant cette procédure, car les tribunaux de simple police sont débordés.

Pannes: avant de partir pour de longs trajets, consultez l'Automobile Association of Kenya, dont le bureau principal est à Nairobi. Cet organisme vous renseignera sur l'état des routes et vous indiquera

comment trouver de l'aide en cas d'urgence.

Numéros de téléphone:	Nairobi:	720382/3
	Mombasa:	26778
	Eldoret:	27000
	Kisumu:	41361
	Nakuru:	44811

Sommes-nous sur la route de ...?	**Tuko katika njia sawasawa ya kwenda...?**
Le plein, s'il vous plaît.	**Tafadhali jaza tangi.**
ordinaire/super	**standardi/premium**
Je suis en panne.	**Imeniharibikia nilipokuwa.**
Il y a eu un accident.	**Kumetokea ajali.**

COURANT ELECTRIQUE. Les villes principales sont équipées en 240 volts, 50 cycles. Certains *lodges* ont des générateurs dont le voltage varie.

Les hôtels et les *lodges* fournissent le plus souvent un adaptateur pour le 220 et le 110 volts. La fiche utilisée dans tout le Kenya a trois broches et son intensité est de 13 ampères.

DECALAGE HORAIRE. Les pays d'Afrique orientale comme le Kenya, l'Ouganda et la Tanzanie sont en avance de trois heures sur l'heure G.M.T. Ce décalage demeure constant toute l'année.

Tableau de l'heure d'hiver:

Montréal	Paris	Genève	**Kenya**
4 h.	10 h.	10 h.	**midi**

Les heures du lever et du coucher du soleil sont publiées dans les quotidiens.

DELITS et VOLS. Il est déconseillé de s'aventurer la nuit tombée dans certains quartiers de Nairobi et de Mombasa. Evitez les endroits et les bâtiments peu éclairés et ne vous promenez pas seul le soir le long des routes, des plages ou des chemins déserts.

N'oubliez pas que le Kenya est un pays de grandes disparités sociales et que la majorité de la population africaine vit très modestement. N'ayez jamais sur vous de grosses sommes en argent liquide ou en chèques de voyage. Confiez ce dont vous n'avez pas immédiatement besoin au directeur de votre hôtel, qui le mettra en lieu sûr. Enfermez vos

D objets de valeur dans le coffre de votre voiture et fermez celle-ci à clé. Enfin, ne laissez jamais un objet de prix sans surveillance sur une plage ou dans un endroit public.

Si vous avez la moindre inquiétude, renseignez-vous auprès de votre guide ou du personnel de l'hôtel sur la situation locale.

E **EAU.** En dehors des hôtels de Mombasa, Nairobi est pratiquement la seule ville où l'eau du robinet soit potable. En cas de doute, cependant, prenez de l'eau minérale en bouteille, en vente dans les bars. Dans presque tous les *lodges*, vous trouverez près de votre lit de l'eau filtrée dans des brocs ou des bouteilles thermos. Cela vous rappellera que l'eau du robinet ne doit pas être bue ni même utilisée pour se brosser les dents.

F **FORMALITES D'ENTRÉE et CONTROLES DOUANIERS.** Les Belges, les Français et les Suisses doivent présenter un passeport valable, et un visa qu'ils auront obtenu auprès de l'ambassade ou du consulat du Kenya dans leur pays. Quant aux Canadiens, ils n'ont besoin que d'un *visitor's pass,* valable trois mois. L'entrée au Kenya est interdite à la plupart des voyageurs en provenance d'Afrique du Sud; mais le transit leur est autorisé s'ils stipulent qu'ils ne sortent pas de l'aéroport.

A moins de pouvoir présenter votre billet de retour ou de pouvoir certifier, preuve à l'appui, que vous continuerez votre voyage vers d'autres cieux, vous pourriez bien être tenu de verser un dépôt de 250 livres sterling (par personne), dépôt qui vous sera rendu au départ. De toute façon, tout voyageur doit être porteur d'une somme de 200 livres sterling au minimum (ou de son équivalent en devises étrangères convertibles) à son entrée dans le pays.

Le tableau suivant indique les principaux articles que vous êtes autorisé à importer en franchise au Kenya et à ramener chez vous.

Entrée au (en):	Cigarettes		Cigares		Tabac	Alcool	Vin
Kenya	200	ou	50	ou	250 g.	1 l. ou 1 l.	
Canada	200	et	50	et	900 g.	1,1 l. ou 1,1 l.	
Belgique France Suisse	200	ou	50	ou	250 g.	1 l. et 2 l.	

Restrictions monétaires: l'importation et l'exportation de shillings kényens sont interdites. En revanche, vous pouvez importer autant de devises étrangères que vous le voulez, mais elles doivent être déclarées à l'arrivée. Ne sous-estimez pas l'importance de cette déclaration, que vous devrez présenter au départ! En quittant le pays, vous pouvez emporter l'équivalent de 4000 shillings kényens au maximum, à condition que cette somme figure sur votre passeport.

GARDE D'ENFANTS * *(msaidizi wa kutazama mtoto)*. La plupart des hôtels procureront, le cas échéant, une garde d'enfants à leurs hôtes. Les tarifs varient considérablement; cependant, ils ne sont jamais excessifs et dépendent de la situation de l'hôtel ou du *lodge* et du nombre d'enfants.

GUIDES et INTERPRETES. L'Utalii College du Kenya (seule école de tourisme d'Afrique noire) forme des guides et des interprètes depuis 1974; mais le nombre de guides reste insuffisant. Tous les professionnels disponibles sont employés par les agences de voyages et les hôtels; le prix de leurs services est inclus dans la note d'hôtel ou dans la facture de l'agence de voyages. Les diplômés du Kenya Utalii College répondront à toutes vos questions sur la géographie, l'histoire, la faune et la flore d'une région. Certains parlent le français et pourront vous aider à entrer en contact avec les populations locales.

HOTELS et LOGEMENT *. Les hôtels et *lodges* du Kenya sont classés en quatre catégories. Les hôtels de luxe offrent un service de très haute qualité, comparable à celui des meilleurs hôtels internationaux. Les hôtels de première classe proposent un logement confortable, un service efficace, une cuisine internationale variée ou des spécialités de divers pays; toutes les chambres sont dotées d'une salle de bains, du téléphone, de la radio et de la télévision. Les hôtels et *lodges* de seconde classe offrent un confort raisonnable et une gamme de plats européens. Chaque chambre y possède en général sa douche. Les hôtels et *lodges* de troisième classe sont déconseillés aux touristes: le service y est limité.

Le Kenya possède également quelques motels où l'automobiliste trouvera une bonne chambre, une nourriture adéquate et un service raisonnable. Dans de nombreux centres urbains, il existe des pensions de famille pour ceux qui envisagent de longs séjours. Certaines de ces pensions sont des annexes de grands hôtels.

Sur la côte on peut trouver un très grand nombre de bungalows confortablement meublés. Généralement situés à proximité de la plage, ils sont très prisés par les familles et les groupes qui préfèrent une atmosphère familiale et désirent faire leur propre cuisine.

H   La plupart des hôtels offrent une réduction de 50% pour les enfants de moins de 12 ans. En pleine saison touristique, les chambres d'hôtels étant prises d'assaut, il est donc conseillé de faire sa réservation et de la confirmer assez tôt. S'il vous est impossible de trouver une chambre, adressez-vous à l'Office du Tourisme. Il en existe dans la plupart des grandes villes du pays.

Où se trouve l'Office
du Tourisme?

**Wapi ofisi ya habari kwa
watalii?**

J   **JOURNAUX et MAGAZINES.** Pour ceux qui lisent l'anglais, le Kenya possède trois quotidiens : le *Nairobi Times,* la *Nation* et le *Standard.* Tous publient une édition dominicale. Outre un hebdomadaire, le pays se targue d'un certain nombre de revues mensuelles. Une grande quantité de journaux et de magazines internationaux sont vendus dans les kiosques des grands hôtels quelques jours après leur parution – à moins que vous n'achetiez le vôtre à l'un de ces vendeurs qui récupèrent les «feuilles de choux» abandonnées dans les aéroports par les voyageurs pour les revendre à leur prix original.

JOURS FERIES

1er janvier	Jour de l'An
1er mai	Fête du Travail
1er juin	Madaraka Day (fête de l'Autodétermination)
10 octobre	Moi Day
20 octobre	Kenyatta Day
12 décembre	Uhuru/Jamhuri Day (fête de l'Indépendance et de la République)
25 décembre	Noël
26 décembre	Lendemain de Noël
Fêtes mobiles:	Vendredi saint
	Lundi de pâques
	Idd-ul-Fitr

L   **LANGUE.** Le souahéli, sabir d'Afrique orientale, fut d'abord écrit en caractères arabes. Lorsque les missionnaires britanniques introduisirent l'alphabet latin, ils adoptèrent une transcription aussi phonétique que possible, ce qui explique que le souahéli soit plutôt facile à prononcer. Les Kényens parlent en outre plus de quarante dialectes tribaux. La **116** plupart des Kényens ayant fait des études parlent un anglais remarquable. Même avec un accent, votre anglais vous permettra donc de vous débrouiller, sauf très loin des sentiers battus, où l'on ne parle que le souahéli.

Salut	**Jambo**
Bonjour	**Habari za asubuhi**
Bonjour (après-midi)	**Habari za alasiri**
Bonsoir/Bonne nuit	**Habari za jioni/Lala salama**
S'il vous plaît/Merci	**Tafadhali/Asante**
Je vous en prie	**Karibu**
Au revoir/A bientôt	**Kwa herl/Tutaonana**

LOCATION DE VOITURES*. A Nairobi, plus de 200 agences de location de voitures se disputent le marché. Cela en dit long sur l'esprit de libre entreprise régnant au Kenya. Les sociétés internationales sont représentées dans les aéroports et les hôtels. Mais feuilletez l'annuaire du téléphone et voyez ce qu'offrent les autres compagnies avant de vous décider. Au cas où vous auriez de la peine à fixer votre choix, demandez conseil à une agence de voyages ou au concierge de votre hôtel.

Avant de louer une voiture, il vaut mieux savoir à quoi s'en tenir quant aux difficultés de la conduite au Kenya (voir CONDUIRE AU KENYA).

MONNAIE

Unité monétaire: l'unité monétaire du Kenya est le shilling (abrégé Sh(s), écrit 1/–, 2/50, etc.), qui est divisé en 100 cents (c). Il existe des pièces de cuivre de 5 et de 10c et des pièces d'argent de 50c, 1/– et 5/– Shs. Les billets sont en coupures de 10/–, 20/–, 50/–, 100/– et 200/– Shs. Endommager ou dégrader la monnaie kenyenne de quelque façon que ce soit est un délit répréhensible. (Voir aussi FORMALITÉS D'ENTRÉE ET CONTRÔLES DOUANIERS.)

Contrôle des changes: les visiteurs sont sérieusement mis en garde contre les changeurs, qui proposent de mirobolantes transactions en pleine rue; en donnant suite à leurs propositions, vous seriez non seulement en infraction, mais vous pourriez bien être tout simplement dupé et vous retrouver en possession de faux billets! Les devises étrangères – chèques de voyage y compris – ne peuvent être échangées que dans des banques commerciales ou des hôtels agréés. Elles peuvent également être utilisées pour acheter des marchandises à des personnes autorisées à accepter des devises étrangères.

Horaires des banques: les banques de Nairobi et des villes principales à l'ouest de Nairobi sont ouvertes de 9 h. à 14 h., du lundi au vendredi, et **117**

M de 9 h. à 11 h. les premiers et derniers samedis du mois. Les banques de Mombasa et de la torride bande côtière ouvrent et ferment une demi-heure plus tôt. Certaines banques des aéroports internationaux sont ouverts 24 heures sur 24 tous les jours, tandis que d'autres ouvrent à 6 h. du matin et ferment à minuit chaque jour.

Les services du change des banques principales de Nairobi restent ouverts jusqu'à 16 h. 30 du lundi au vendredi. Vous pouvez également changer de l'argent dans la plupart des hôtels et des stations balnéaires du pays, mais à un taux légèrement désavantageux.

Cartes de crédit et chèques de voyage: seules quelques cartes de crédit internationales sont acceptées au Kenya. Les chèques de voyage sont honorés dans la plupart des hôtels internationaux et des agences touristiques.

Prix. Vous serez sans doute étonné de la cherté des produits importés et des articles dans les magasins; ils sont effectivement coûteux parce qu'ici les taxes sur les marchandises et les taxes à l'importation sont très lourdes. Si vous avez l'impression d'être lésé, consultez un agent de voyages ou votre chef de groupe.

N **NUMEROS DE TELEPHONE DE QUELQUES SERVICES PUBLICS**

Police, pompiers, ambulances de partout au Kenya	999
Quartier général de la police dans la région de Nairobi	22251
Ambulance (St. John's), Nairobi	22396/24066
Horloge parlante	993
Communications internationales	0196
Standardiste	900
Aéroport de Nairobi – renseignements	822111

O **OFFICES RELIGIEUX.** La religion chrétienne prédomine au Kenya; les catholiques romains, les protestants et les adeptes des croyances africaines indépendantes comptent sensiblement le même nombre de fidèles. Il existe également d'importantes communautés musulmanes sur la côte et dans le Nord-Est, où les indigènes sont d'origine somalienne. Un tiers environ de la population rurale pratique toujours diverses religions traditionnelles. Dans les centres urbains, on voit souvent des mosquées et des temples voués à différents cultes orientaux.

Nairobi est le grand centre de l'Independent African Church Movement. Chaque dimanche, des centaines de groupes s'assemblent au coin des rues, aux arrêts d'autobus, dans les parcs et dans les salles publiques **118** pour prier. D'autres groupes arpentent les rues au rythme de tambours.

Les offices – en langue anglaise – des principales congrégations **O**
catholiques et protestantes de Nairobi sont annoncés dans les journaux
le samedi.

église	**kanisa**
synagogue	**hekalu la kiyahudi**
mosquée	**msikiti**

OFFICE DU TOURISME. Consultez l'Office du Tourisme local qui
vous recommandera les meilleures boutiques, agences de location de
voitures et hôtels. On vous conseillera également dans le choix de vos
excursions, de vos divertissements, etc. Vous y trouverez enfin une vaste
gamme de guides, cartes routières, plans et brochures.

L'Office de Nairobi, dirigé par la Kenya Tourist Development
Corporation, est situé dans le centre, à proximité de l'hôtel Hilton, dans
City Hall Way:
P.O. Box 30471, tél. 21855 (ouvert de 8 h. 30 à 12 h. 30 et de 14 h. à 17 h.
du lundi au samedi).

Le Mombasa Information Bureau, situé à proximité de l'arche double
de Moi Avenue (ex-Kilindini Road), offre le même genre de services;
tél. 23509/20627 (ouvert de 8 h. à midi et de 14 h. à 16 h. 30).

Offices du tourisme du Keyna à l'étranger:

Belgique: 1–5 av. de la Joyeuse-Entrée, Bruxelles; tél. 735 41 21–24

Canada: 600 Gillin Bldg. Suite, 141 Laurier Ave, West West Ottawa,
Ontario, KIP 5G3; tél. 563 17736

France: 5, rue Volney, 75002 Paris; tél. (1) 42 60 66 88

Suisse: Bleicherweg 30, 8039 Zürich; tél. (01) 202 22 44.

ORGANISATIONS DE PROTECTION DE LA NATURE. Ceux que
la protection de la nature intéresse peuvent entrer en contact avec les
sociétés suivantes:

Mountain Club of Kenya, P.O. Box 45741, Nairobi

Les membres de cette organisation se réunissent le mardi soir au
Mountain Club of Kenya Clubhouse, aéroport Wilson, à partir de
19 h. 30; tél. 501747. Autres sociétés pouvant présenter de l'intérêt:

Cave Exploration Group of East Africa, P.O. Box 47583, Nairobi

Geological Club of Kenya, P.O. Box 44749, Nairobi

East African National History Society, P.O. Box 44486, Nairobi;
tél. 20141

O   **East African Wildlife Society,** Nairobi Hilton Hotel, P.O. Box 20110, tél. 27047

Wildlife Clubs of Kenya, National Museum, P.O. Box 40658, Nairobi, tél. 74 21 61

Geographical Society of Kenya, P.O. Box 41887, Nairobi

Museum Society of Kenya, P.O. Box 40658, Nairobi; tél. 742131/2/3/4.

P   **PHOTOGRAPHIE.** Les marques de films les plus connues sont en vente au Kenya mais leurs prix sont plus élevés que chez vous. Pour bien photographier la nature, les zooms et téléobjectifs sont indispensables. Un objectif de 135 mm. suffit pour capter presque tous les animaux; pour «viser» les oiseaux, utilisez plutôt un 200 mm. A Nairobi et Mombasa, certains photographes proposent un bon choix d'appareils et de caméras à vendre ou à louer.

Pensez à protéger votre équipement encore mieux que d'habitude. Dans la brousse, sur des routes poussiéreuses, rangez votre attirail dans des sacs en plastique. La poussière pénètre partout. N'abandonnez jamais votre appareil au soleil ou dans votre voiture en pleine chaleur, car les couleurs de votre film pourraient se dégrader. Evitez aussi le sable et l'eau salée. Lorsque vous passerez les contrôles de sécurité à l'aéroport, veillez à ce que vos appareils et films ne soient pas soumis au système de détection; les autorités kényennes sont prêtes à les examiner séparément.

Il est interdit de photographier le drapeau national, le président, les *lodges* d'Etat, les soldats, le personnel de l'administration pénitentiaire, les prisonniers, les prisons et (pour le moment) le mausolée de Jomo Kenyatta. Si vous ne vous pliez pas à ces règles, vous risquez d'y perdre votre film, voire votre appareil photo, et il vous faudra peut-être même payer une amende.

Certains membres des tribus les plus pittoresques, ayant compris que le tourisme était une industrie, exigent un peu d'argent pour poser.

Puis-je prendre une photo?   **Naweza kupiga picha?**

POLICE. Les agents sont tous amicaux et serviables envers les touristes. Ils sont aussi votre source de renseignements la plus sûre. Parmi les divers corps de police du Kenya, celle de la route et la police criminelle sont ceux que vous rencontrerez le plus souvent. Si un policier ne peut vous aider, il vous indiquera où vous adresser pour obtenir les renseignements dont vous auriez besoin. En cas d'urgence, c'est la police qui vous offrira l'assistance la plus efficace.

120   Pour appeler police secours, composez le 999.

POSTES et TELECOMMUNICATIONS. Les bureaux de poste sont indiqués par les lettres P.T.T. (Poste, Téléphone, Télégraphe) et les boîtes aux lettres sont rouges. Les papeteries, boutiques de souvenirs et petites épiceries vendent également des timbres.

Horaire des bureaux de poste: de 8 h. à midi et de 14 h. à 16 h. 30 du lundi au vendredi, et de 8 h. à midi le samedi.

Poste restante: avec cette suscription, vous recevrez sans doute vos lettres, mais le système de Nairobi n'est pas très sûr. A la poste de Kenyatta Avenue, vous chercherez votre courrier parmi celui de tous les gens qui portent la même initiale que vous. Comme le préposé ne vérifie pas toujours l'identité de ceux qui se présentent à son guichet, vous vous apercevrez peut-être que certaines de vos lettres se sont «égarées». Il vaut donc mieux faire expédier votre courrier à une adresse privée; mais ne soyez pas pressé. Une lettre par avion met entre trois et dix jours depuis l'Europe (jusqu'à trois semaines depuis le Canada).

Télégrammes: on peut les téléphoner par l'intermédiaire de la standardiste. Pour le service de télex le plus proche, adressez-vous au bureau des renseignements ou à la réception de votre hôtel. Dans la mesure du possible, envoyez vos messages par télex.

Téléphone: on ne peut appeler par l'automatique que l'Ouganda et la Tanzanie. Toute autre communication internationale ne peut être obtenue que par l'intermédiaire d'une standardiste. Les tarifs s'abaissent de 18 h. à 6 h. du matin.

Les cabines téléphoniques sont rouges. Si vous n'en trouvez point ou si celle que vous avez dénichée est en panne, entrez dans l'hôtel, le restaurant ou le magasin le plus proche; on vous laissera téléphoner, mais vous paierez le double du tarif normal.

POURBOIRES. Bien que l'on décourage souvent les pourboires, ils ne sont pas interdits comme dans d'autres pays africains. A condition de rester dans des limites raisonnables, vous pouvez donner un pourboire si vous êtes satisfait d'un service. La plupart des hôtels et restaurants de bonne catégorie ajoutent un service de 10% à leurs notes et additions.

Le service est-il compris?   **Eti pamoja na utumishi?**

RADIO et TELEVISION. Le Kenya possède une station radiophonique, dont les émissions en langue anglaise peuvent être captées dans l'ensemble du pays entre 6 h. et 23 h. 10. Les informations internationa-

R les sont diffusées à 7 h., 9 h., 13 h., 17 h., 19 h. et 21 heures. Vous pourrez entendre le résumé des informations internationales toutes les heures (à l'heure juste). Le poste souahéli retransmet beaucoup de musique populaire locale et internationale.

Sur la côte, la station de Mombasa intercale de temps en temps des émissions locales dans les programmes de Nairobi.

Sur l'unique chaîne de télévision du Kenya, les émissions en souahéli et en anglais débutent à 17 h. 30 et s'achèvent vers 23 heures. Les programmes de langue anglaise sont en partie composés de films et de séries anglaises, allemandes, américaines et australiennes.

RENCONTRES. Les Kényens sont presque toujours amicaux et faciles à vivre, à Mombasa plus qu'ailleurs peut-être. A Nairobi, les gens sont courtois, mais légèrement plus distants. Hors des villes, on perçoit une certaine timidité due au fait que les gens ne sont guère familiarisés avec l'anglais ou toute autre langue européenne... ni même avec le souahéli. L'endroit le plus propice pour rencontrer les habitants africains ou européens de Nairobi est le café Thorn Tree, au New Stanley (voir p. 32). A Mombasa, les discothèques et autres boîtes de nuit sont fréquentées par les Européens et les Africains. Mais le meilleur point de ralliement de tout le Kenya est sans aucun doute l'île de Lamu, en particulier au Petley's Inn, sur le port (voir p. 87).

S **SOINS MEDICAUX**

Vaccinations: il est conseillé de se faire vacciner contre la fièvre jaune et le choléra; ces inoculations ne sont pourtant obligatoires que si l'on provient d'un pays où ces maladies sévissent.

Vous ne risquez rien en nageant dans la mer, mais évitez tout contact avec l'eau des lacs (le lac Victoria en particulier), des rivières et des réservoirs naturels à ciel ouvert à cause des parasites et des risques de bilharziose, de typhoïde, de dysenterie (il est recommandé de se faire vacciner contre la typhoïde et la paratyphoïde). En revanche, les piscines sont sans danger et généralement bien entretenues.

La malaria sévit toujours dans l'ensemble du pays. Officiellement, on n'enregistre pas de cas à Nairobi, mais mieux vaut faire preuve de prudence. Suivez l'un des nombreux traitements prophylactiques existants pendant les deux semaines précédant votre arrivée au Kenya, durant tout votre séjour et pendant quatre à six semaines après votre retour chez vous. Consultez votre médecin.

Assurance: si votre assurance n'est pas valable à l'étranger, prenez une assurance de voyage spéciale couvrant tous les risques de maladie, d'accident ou d'hospitalisation.

Médecins: il y a des médecins, des chirurgiens et des dentistes hautement qualifiés à Nairobi et à Mombasa. Le directeur de votre hôtel ou un Office du Tourisme vous mettront en contact avec l'un d'eux.

Les **dispensaires** sont ouverts de 8 h. à 17 h., jusqu'à 18 h. et plus pour certains.

Les *lodges* des réserves de chasse lointaines ont leur propre personnel médical. Les *lodges* sont en contact radio ou téléphonique avec le *Flying Doctor Service* de Nairobi. Si vous voyagez de façon indépendante, sachez que vous pouvez vous intégrer à cette association en tant que membre temporaire pour une cotisation modique. Les «médecins volants» ont, en effet, une réputation légendaire, acquise lors de missions de secours audacieuses le long de la côte orientale de l'Afrique.

Pharmacies: les pharmacies des grands centres urbains se relaient pour rester ouvertes tard le soir – jusqu'à 21 h. environ; la liste des pharmacies de service est publiée dans les quotidiens. Celles des grands hôpitaux restent ouvertes 24 heures sur 24.

Hôpitaux: Les principaux hôpitaux de la région de **Nairobi** sont tous bien équipés:

Le *Kenyatta National Hospital* est le centre nerveux du système hospitalier kényen et un hôpital universitaire. Tél. 334800.

Le *Nairobi Hospital*, privé et équipé à grands frais, offre matériel et confort des plus modernes, ainsi qu'un nombre impressionnant de médecins très qualifiés. Tél. 722160.

Le *Gertrude's Garden* est spécialisé dans les maladies infantiles. Tél. 65305.

L'*Aga Khan Hospital* possède une importante équipe de médecins. Tél. 742531.

Le *Mater Misericordiae Hospital* est spécialisé dans la maternité et la gynécologie. L'hôpital, qui est dirigé par un ordre de sœurs catholiques, est réputé pour l'excellence des soins qui y sont dispensés. Tél. 556666.

Les hôpitaux de **Mombasa** sont tous très bien équipés:

Le *Coast General Hospital* est le plus grand. Tél. 314201.

Le *Katherine Bibby Hospital* est confortable et moderne. Tél. 312191.

Précautions sanitaires: il est recommandé aux visiteurs qui prennent la direction de la côte d'apprendre à se modérer en tout au début de leur **123**

S séjour. Il existe ce qu'on appelle un «épuisement dû à la chaleur» qui est généralement causé par un excès de nourriture, de boisson, de bains de soleil ou d'exercice, et pas seulement par la température. Si les insolations sont rares sur la côte, les coups de soleil le sont beaucoup moins. Surtout, pensez à emporter votre crème solaire habituelle!

T **TOILETTES** (*choo*, prononcez «tcho»). Elles portent presque toujours la mention «Dames» ou «Messieurs» en anglais, accompagnée du symbole féminin ou masculin.

Wanawake (Dames) et *Wanaume* (Messieurs) sont inscrits en lettres capitales sur les portes des toilettes publiques, qu'il vaut mieux éviter. Si les toilettes publiques situées dans les quartiers des hôtels sont payantes, vous constaterez avec surprise que celles qui sont établies dans les lieux touristiques ne le sont pas.

TRANSPORTS

Autobus: les bus qui desservent Nairobi et Mombasa permettent de visiter le centre et les faubourgs de ces villes à bon compte. Nous vous conseillons simplement d'éviter les heures de pointe. Il vaut mieux prendre l'autobus entre 9 h. 30 et midi ou entre 14 h. 30 et 16 heures. On paie son billet au conducteur.

Il n'y a pas d'itinéraires affichés dans les rues ni aux arrêts d'autobus, car ils changent fréquemment. Cependant, des cartes des itinéraires couramment desservis sont disponibles à l'Office du Tourisme et dans la plupart des hôtels.

Des autocars relient Nairobi à toutes les localités importantes, elles-mêmes desservies par des bus surpeuplés en provenance de villages voisins. Peu ponctuels, ces derniers sont à écarter, sauf en cas d'urgence.

Taxis: il y a quatre sortes de taxis dans les principaux centres urbains du Kenya: taxis Kenatco, taxis à bande jaune, taxis privés et taxis pour les longues distances. Aucun n'a de compteur. Où que vous alliez, convenez du prix de la course *avant* de monter en voiture.

Les taxis Kenatco utilisent des Mercedes Benz 200 rouges. Ils font payer la course au kilomètre et vous pouvez consulter dans la plupart des bons hôtels des listes de distances approximatives jusqu'aux curiosités et endroits touristiques. Vous en contrôlerez les tarifs auprès du bureau qui les représente à l'aéroport ou à la réception de votre hôtel.

Les taxis à bande jaune sont sous le contrôle des municipalités. Il est conseillé aux touristes de toujours vérifier le prix approximatif de la course auprès de l'Office du Tourisme avant de retenir le véhicule.

Les taxis privés ne font l'objet d'aucun contrôle particulier et il arrive que ces véhicules ne soient pas convenablement assurés. On peut négocier le prix qu'ils demandent pour l'attente et pour le nombre de passagers.

Enfin, il existe des services de taxis Peugeot pour les longues distances. Le prix du voyage est partagé entre les passagers, qui louent leur place à l'avance. Les tarifs sont très raisonnables et le trajet relativement confortable. Ces taxis ne circulent qu'entre les principaux centres urbains et ne quittent pas les routes goudronnées.

Matatus : ces «taxis» privés concurrencent directement les services de bus. Il s'agit de véhicules montés à partir d'éléments ou de pièces de récupération. Sachez que ces voitures sont toujours plus que bondées... et que, neuf fois sur dix, les conducteurs n'ont ni assurance ni permis de conduire ! C'est assez dire que ces *matatus,* d'ailleurs souvent impliqués dans des accidents, sont à éviter à tout prix malgré leur pittoresque.

Trains* : les convois de l'unique ligne kényenne reliant Mombasa à Kisumu feront le bonheur des amateurs de voyages ferroviaires. Propres et bon marché, les trains ont de bonnes voitures-restaurants et des bars bien approvisionnés. Les trains de nuit, qui circulent à 55 km. à l'heure de moyenne, quittent les gares principales de Mombasa, Nairobi et Kisumu au coucher de soleil pour arriver à l'autre bout de la ligne peu après le lever du soleil.

T

VISITES TOURISTIQUES. De nombreuses agences de voyages proposent des tours de villes ainsi que des excursions dans les réserves de chasse et autres lieux intéressants. Certaines chaînes d'hôtels organisent leurs propres visites touristiques. Renseignez-vous auprès d'un Office du Tourisme qui vous donnera un répertoire des visites organisées.

Vous pouvez, à condition de le planifier à l'avance, partir pour un safari-photo privé. Vous serez guidé et protégé par un chasseur professionnel armé, équipé sans doute en véhicules à quatre roues motrices, en camions de cinq tonnes, en traqueurs, en porteurs de fusil, en cuisiniers et en aides. Ce genre d'expédition ne peut se déplacer très vite : aussi comptez passer une semaine au moins dans la brousse kényenne. Il ne fait aucun doute que c'est le meilleur moyen de découvrir le pays, mais c'est également très onéreux. Les safaris en groupe privés reviennent, eux-mêmes, très chers et les conditions sont moins souples. Si vous êtes obligé de regarder à la dépense, il est malheureusement probable que vous ne pourrez pas vous offrir ce type de safari.

V

125

Index

Les numéros suivis d'un astérisque (*) renvoient à une carte. Le sommaire des *Informations pratiques* figure en p. 2 de la couverture.

INDEX

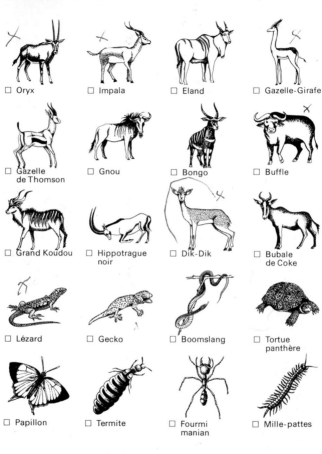

PETIT BESTIAIRE

☐ Oryx ☐ Impala ☐ Eland ☐ Gazelle-Girafe

☐ Gazelle de Thomson ☐ Gnou ☐ Bongo ☐ Buffle

☐ Grand Koudou ☐ Hippotrague noir ☐ Dik-Dik ☐ Bubale de Coke

☐ Lézard ☐ Gecko ☐ Boomslang ☐ Tortue panthère

☐ Papillon ☐ Termite ☐ Fourmi manian ☐ Mille-pattes

☐ Crocodile du Nil ☐ Potamochère ☐ Hylochère ☐ Hippopotame